# On-Line

## Spiele und Abenteuer mit dem Seil

2. Auflage

Wilfried Dewald, Christian Häußler

JDAV
Jugend des Deutschen Alpenvereins

ziel

Gelbe Reihe : Praktische Erlebnispädagogik

Dieser Titel ist auch als eBook erhältlich
ISBN 978-3-944708-83-6

Sie finden uns im Internet unter
www.ziel-verlag.de

Wichtiger Hinweis des Verlags: Der Verlag hat sich bemüht, die Copyright-Inhaber aller verwendeten Zitate, Texte, Bilder, Abbildungen und Illustrationen zu ermitteln. Leider gelang dies nicht in allen Fällen. Sollten wir jemanden übergangen haben, so bitten wir die Copyright-Inhaber, sich mit uns in Verbindung zu setzen.

Selbstverständlich wendet sich das vorliegende Buch an Leser und Leserinnen. Auf die weiblichen Sprachformen wurde lediglich aus Gründen der besseren Lesbarkeit verzichtet.

Bei den mobilen Seilaufbauten in dieser Veröffentlichung sind in erster Linie der Erbauer und der Betreiber für die Sicherheit verantwortlich. Die Autoren haben beim Verfassen dieses Buches nach bestem Wissen und Gewissen gehandelt. Sie lehnen jede Verantwortung für eventuelle unbeabsichtigte Fehler in den Beschreibungen dieses Buches oder Fehler beim Aufbau der in diesem Buch beschriebenen mobilen Seilaufbauten ab.

Inhalt und Form des vorliegenden Bandes liegen in der Verantwortung der Autoren.

Bibliografische Information der Deutschen Nationalbibliothek
Die Deutsche Nationalbibliothek verzeichnet diese Publikation in der Deutschen Nationalbibliografie; detaillierte bibliografische Daten sind im Internet über *http://dnb.d-nb.de* abrufbar.

Printed in Germany

ISBN 978-3-937210-88-9 (Print)

Verlag:          ZIEL – Zentrum für interdisziplinäres erfahrungsorientiertes Lernen GmbH
                 Zeuggasse 7–9, 86150 Augsburg, www.ziel-verlag.de
                 2. Auflage 2007, Nachdruck 2018

Randillustrationen:   Susanne Etterer
Zeichnungen:          Katrin Häußler
Karikaturen:          Daniel Dewald
Fotos:                Autoren, Wolfgang Mayr

Gesamtherstellung:    Friends Media Group GmbH
                      www.friends-media-group.de

Gedruckt auf Recystar matt (100 % Altpapier, "Blauer Engel")

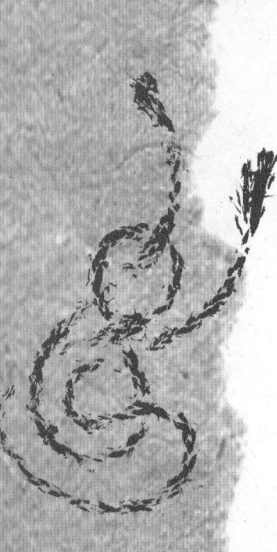

# Nachruf für Wilfried Dewald

**Lieber Wilfried,**

viel zu plötzlich und unerwartet bist du am 24. April 2006 von uns gegangen. Eine nicht zu schließende Lücke ist entstanden. Mittlerweile ist die Trauer über diese schockierende Nachricht der Dankbarkeit gewichen, dass ich Dich kennenlernen und mit Dir zusammen arbeiten durfte.

Bereits 1985 – ich war gerade frischgebackener Jugendleiter – liefen wir uns das erste Mal über den Weg. Einige Male hättest Du mich als Teamer in der „alten Jubi" in Burgberg sicher gerne mit Wasserbomben bedacht – so wie meine Gruppe Dich – aber Dein Groll hat sich immer wieder schnell in ein unverwechselbares Lachen – Dein Lachen – gewandelt, wenn Du gesehen hast, dass Kindern, Jugendlichen und Teamern die Jugendarbeit Spaß machte. Dein Herz schlug für diese Jugendarbeit und die alpine Erlebnispädagogik, das war Dein Feld, auf dem Du bekannt und beliebt warst, geschätzt als Kollege, der sich immer mit Leib und Seele für die Sache engagierte.

Doch bei allem Spaß an der Arbeit lag Dir auch das Thema Sicherheit immer sehr am Herzen, schließlich sollten die Erlebnisse wirken, die Personen aber nie wirklich in Gefahr geraten. Schon bei unserer ersten gemeinsamen Jugendleitergrundausbildung und in etlichen weiteren gemeinsamen Kursen diskutierten wir oft und lange, was sich u. a. in diesem Buch niedergeschlagen hat.

Leider kannst Du nun nicht mehr miterleben, dass unser Buch schon in eine zweite Auflage geht – ein großer Erfolg in der doch recht kleinen erlebnispädagogischen Buchwelt!

Wir sind immer noch sehr traurig. Dein Herz ist einfach stehen geblieben, Deine geradlinige, offene Art und Deine Begeisterungsfähigkeit werden aber in uns weiterleben.

*Dein Christian*

Wilfried Dewald war seit Sommer 1983 beim DAV angestellt und damit einer der dienstältesten Mitarbeiter. Sein Herz schlug für die Jugendarbeit und die alpine Erlebnispädagogik. Über das Team der Jugendbildungsstätte hinaus erfreute er sich bei allen Kollegen, Teamern und Partnerverbänden großer Beliebtheit und engagierte sich immer mit Leib und Seele für die Sache.

Seine Aktivitäten als Buchautor, Seminarleiter und geschätzter Fachpädagoge machten ihn weit über den Alpenverein hinaus bekannt. Jugendarbeit war für ihn mehr als ein Job, sie war sein Leben. Wilfried Dewald prägte entscheidend die Entwicklung von der ersten Einrichtung in Burgberg bis hin zu der nicht mehr weg zu denkenden „Jubi" in Bad Hindelang.

Wir sind alle sehr traurig. Eine nicht zu schließende Lücke ist entstanden. Seine ehrliche Art, seinen Humor, seine Anteilnahme und sein aufrichtiges Interesse an anderen Menschen werden wir nie vergessen.

*Wolfgang Mayr im Namen des Jubi-Teams und aller Kolleginnen und Kollegen des DAV*

Inhaltsverzeichnis

# On-line
## Spiele und Abenteuer mit dem Seil

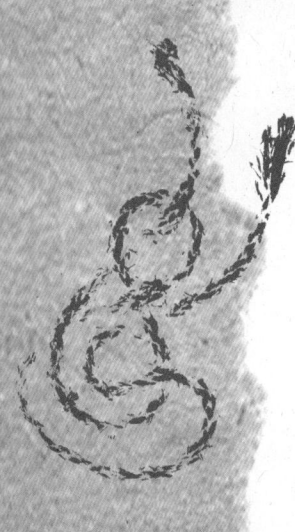

# Einleitung

Die klassischen Handlungsfelder der Erlebnispädagogik wie Bergwandern, Klettern, Höhlenbegehungen oder auch Schlauchbootfahren haben in den letzten Jahren zunehmend Gesellschaft bekommen. Besonders rasant verlief die Entwicklung im Bereich der Seilgärten oder auch Ropes Courses, die in ihrer mobilen oder stationären Form aus den Programmen vieler Anbieter kaum mehr wegzudenken sind.

Praktiker in der Erlebnispädagogik, die sich mit diesem Handlungsfeld beschäftigen und es in ihre Aktivitäten und Angebote integrieren wollen, sehen sich vor allem hinsichtlich der hard skills ungeahnten Anforderungen gegenüber. Besonders in der mobilen Variante der Ropes Courses sind eingehende seil- und knotentechnische Kenntnisse vonnöten, um sicherheitstechnisch einwandfrei arbeiten zu können.

Allerdings ist die Materie kompliziert und die Ansichten, was beim Bau von mobilen Anlagen in Bodennähe oder in der Höhe richtig und was falsch ist, gehen zum Teil weit auseinander. Unter den Spezialisten wird heftig diskutiert und es wurden (und werden) Verfahren entwickelt, die dem hohen sicherheitstechnischen Anspruch genügen können.

Allerdings werden diese Kenntnisse bislang nur vereinzelt in Fort- und Weiterbildungen weitergegeben, in der deutschsprachigen erlebnispädagogischen Literatur fehlt eine grundlegende Darstellung bislang fast völlig.

Zwar wurden immer wieder Seilbrücken, Seilrutschen und andere hohe Aufbauten im Rahmen von Problemlöseaufgaben oder kooperativen Abenteueraktionen benannt und beschrieben – aber immer dann, wenn es um das Know-how eines sicherheitstechnisch verantwortungsvollen Aufbaus ging, wurden die Leserinnen und Leser allein gelassen.

Lediglich in einigen Zeitschriften wurden hin und wieder Anleitungen zum Aufbau veröffentlicht – teils in qualifizierter Form, teils mit erschreckenden Fehlern.

Diese Entwicklung ging auch an der Jugend des Deutschen Alpenvereins (JDAV), bei der Seile sozusagen zur Grundausstattung ihrer Aktivitäten gehören, natürlich nicht spurlos vorbei.

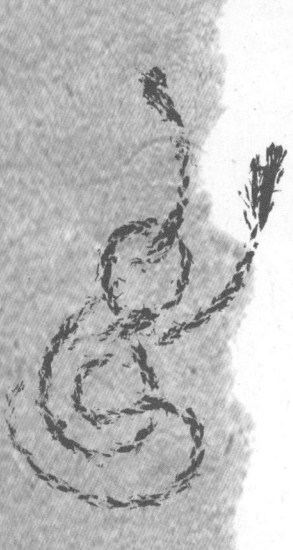

Da ein seil- und knotentechnisches Grundwissen bei Jugendleitern in der JDAV zum Handwerkszeug gehört und sich dieser Personenkreis der Attraktivität mobiler Seilaufbauten weder verschließen konnte noch wollte, entschlossen wir uns 2000 auf Anregung des Bildungsreferenten der JDAV, Wolfgang Wahl, innerhalb der verbandsinternen Schriftenreihe „zum Thema" dieses Thema zu erfassen und grundlegend zu beschreiben.

Der Erfolg dieses etwa 90 Seiten starken Heftchens – auch über die JDAV hinaus – überraschte damals alle Beteiligten und auch die zahlreichen Bitten, dieses Thema in geeigneter Form einem interessierten Leserkreis über die JDAV hinaus zugänglich zu machen, hat uns zu einer erweiterten und aktualisierten Version in Form dieses Buches ermutigt.

Während der Arbeit zu diesem Buch erhielt einer der Autoren eine E-Mail, in der es auch um das Für und Wider von Veröffentlichungen zu diesem Thema ging. Dort stand zu lesen:

„Sie beschreiben ein Buch, das Aufbautechnik und Betrieb von Seilaufbauten darstellen soll. Bringen solche Bücher nicht noch mehr schwarze Schafe, die glauben, sich am Wochenende mal schnell einen Parcours selbst basteln und Teilnehmer hinüberschicken zu können – ohne die nötige Sorgfaltspflicht und Ahnung von der Materie?"

Zugegeben – dies berührt einen wunden Punkt.
Aber wie soll über Sorgfaltspflichten und Know-how informiert werden, wenn nicht durch Spezialisten der Materie? Ein Burgverhalten der Informierten bringt nichts, ist wenig kollegial und produziert schlimmstenfalls Unfälle bei denjenigen, die von den entscheidenden Informationen abgeschnitten sind.
Wir sind überzeugt: Gebaut wird so oder so – und wenn dies stimmt, dann besser mit den Informationen in diesem Buch.

*Christian Häußler und*
*Wilfried Dewald*

Im Februar 2005

# Zum Gebrauch
# dieses Buches

Den Autoren geht es in diesem Buch vor allem darum, die Grundlagen des Baus von sicherheitstechnisch korrekten hohen und niederen Seilaufbauten zu beschreiben. Dabei wurde eine Auswahl getroffen, die sich an den gängigen Varianten orientiert und auch von Einsteigern nachvollzogen werden kann. Extreme und daher komplizierte Aufbauten wurden nicht beschrieben.

Wir halten es aber auch für angebracht, den Blick nicht nur auf den technisch anspruchsvollen Bereich zu richten. Seile müssen nicht immer in adrenalinhaltiger Höhe über tiefe Schluchten gespannt werden – sie können auch in Bodenähe in spielerischem Rahmen verwendet werden.

In diesem Zusammenhang existieren bereits weit reichende Sammlungen – stellvertretend seien an dieser Stelle die beiden umfassenden Veröffentlichungen von Rüdiger Gilsdorf und Günter Kistner, („Kooperative Abenteuerspiele I und II", s. Literaturverzeichnis) genannt.

Wir haben die zum Kontext passenden Spiele und Übungen in diesem Buch in einer überarbeiteten und erweiterten Form zusammengefasst.

Trotzdem ersetzt dieses Buch nicht die Lektüre der einschlägigen alpinen Grundlagenliteratur. So setzen wir zum Beispiel voraus, dass den Lesern dieses Buches die Grundzüge der alpinen Sicherungstechnik bekannt sind und dass auch das Einbinden mittels Hüft- und Brustgurt kein Buch mit sieben Siegeln darstellt.

Personen, die bereits Erfahrungen als Leiter in der Arbeit mit Spielen und Abenteuern mit dem Seil gesammelt haben und denen es im Wesentlichen um eine Aktualisierung der Sicherheitstechnik geht, können nach der Lektüre des Kapitels 1 zu den Spielen (Kapitel 2) und den Abenteueraktionen (Kapitel 3) „durchstarten". Trotzdem halten die Kapitel 4 und 5 möglicherweise auch für diesen erfahrenen Personenkreis noch den einen oder anderen wertvollen Hinweis bereit.

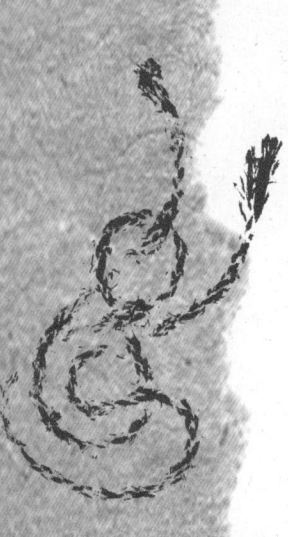

Lesern, die mit alpinem Basiswissen neu in das Handlungsfeld Spiele und Abenteuer mit dem Seil einsteigen, empfehlen wir vor den ersten Ausflügen in die Praxis in jedem Fall ein eingehendes Studium des 6. und 7. Kapitels.

Zu den pädagogischen Grundlagen des Anleitens von Spielen und Abenteueraktionen verweisen wir auf eine reichhaltige Fachliteratur – wir sahen keinen Sinn darin, diese Suppe erneut komplett umzurühren.

Infolgedessen konzentrieren wir uns in Kapitel 6 auf eine Darstellung der Sachverhalte, die uns in der erlebnispädagogischen Arbeit mit dem Seil als wesentlich erscheinen. Dabei werden im Hinblick auf die Umsetzung eine Auswahl geeigneter Methoden vorgestellt.

Nach Hinweisen zur Ökologie (Kapitel 7) werden in Kapitel 8 ausgewählte Missgeschicke aus der erlebnispädagogischen Arbeit mit Seilaufbauten dargestellt – dies dürfte unabhängig von den Vorerfahrungen für jeden interessant sein.

Der Anhang liefert Hinweise und weiterführende Grundlagen zu den in diesem Buch vertretenen Positionen.

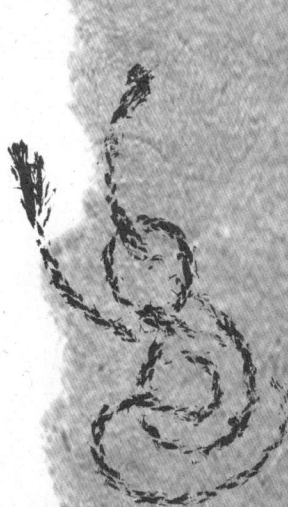

# 1 Seile und Sicherheit

# 1.1 Material

Grundsätzlich steht bei allen Spielen und Aktionen, die auf den nachfolgenden Seiten beschrieben werden, die Sicherheit im Vordergrund. Neben einem sicherheitstechnisch einwandfreien Aufbau sind auch Kenntnisse über die jeweils benutzten Seiltypen und auch alles weitere Material wichtig.

Zunächst mal eine kleine Übersicht über die Seile und Schlingen, die im vorliegenden Zusammenhang eine Rolle spielen:

### 1.1.1 Dynamische Bergseile

Norm EN 892 / UIAA 101
Gebrauchsdehnung: 10 – 12 %

| Seiltyp | Bruchfreie Sturzzahl* | Fangstoßkraft | Bemerkungen |
|---------|----------------------|---------------|-------------|
| Einfachseil | 5 bei 80 kg | 12 kN | |
| Halbseil | 5 bei 55 kg | 8 kN | im Einfachstrang |
| Zwillingsseil ** | 12 bei 80 kg | 12 kN | im Doppelstrang |

\* Diese Zahlen bedeuten, dass z. B. ein Einfachseil unter Laborbedingungen fünf Normstürze mit 80 kg Fallgewicht und einem Sturzfaktor von 1,78 aushalten muss, um die Norm zu erhalten.

\*\* Zwillingsseile sind in vorliegenden Zusammenhang nicht geeignet.

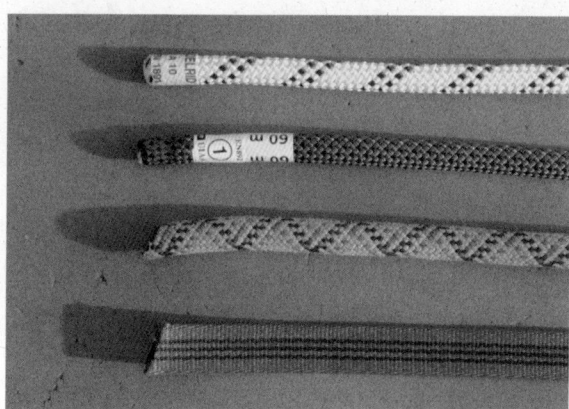

*Seiltypen von oben nach unten: Statikseil, dynamisches Seil, Spielseil, Bandschlinge mit 3 Kennfäden*

## 1.1.2 Statikseile

Statikseile sind Kernmantelseile mit geringer Dehnung (korrekt also Halbstatikseile) und werden oft auch als Speleoseile bezeichnet. Statikseile kann man seit kurzem an den Kennfäden erkennen: Nur bei Statikseilen laufen die Kennfäden parallel und diagonal über das Seil, ohne sich zu kreuzen.

Norm EN 1891 / UIAA 107
Gebrauchsdehnung: 4 – 5 %

| Seiltypen | Bruchfreie Sturzzahl | Fangstoßkraft | statische Festigkeit |
|---|---|---|---|
| Typ A | 5, Sturzfaktor 1 mit 100 kg | 6 kN | 22 kN |
| Typ B | 5, Sturzfaktor 1 mit 80 kg | 6 kN | 18 kN |

Grundsätzlich sollten bei Seilaufbauten nur Seile des Typs A mit 11 mm Durchmesser verwendet werden. Die Typbezeichnung finden Sie auf den Banderolen der Seile.

## 1.1.3 Reepschnüre und Schlingen

Norm Reepschnüre: EN 564 / UIAA 102
Norm Bänder: EN 565 / UIAA 103
Norm Schlingen: EN 566 / UIAA 104

| | Mindestbruchkraft | Bemerkungen |
|---|---|---|
| Reepschnüre | Formel: $d^2$ x 200 N<br>d = Durchmesser | |
| Bänder | Mind. 5 kN<br>je Kennfaden = 5 kN | nur Bänder mit mindestens 3 Kennfäden (= 15 kN) verwenden! |
| Schlingen* | 22 kN | |

* Definition Schlinge:
  Durch Nähte oder andere Verbindungsbauweisen zu einer Schlinge formschlüssig zusammengefügtes Band, Reepschnur oder Seilstück. Form und Länge sind nicht festgelegt.

*Aktuell wird auch Schlingenmaterial im Handel angeboten,*
*das keine Kennfäden aufweist.*
*In diesen Fällen ist die Normierung in der Regel an der*
*Nahtstelle sichtbar – z. B. als kleine Fähnchen bei Dyneema-Schlingen.*

### Hinweis:

In den Kap. 1.1.1 bis 1.1.3 wurden lediglich die Normanforderungen des Materials beschrieben. Bei den im vorliegenden Zusammenhang meist verwendeten Statikseilen bedeutet dies, dass ein Statikseil des Typs A nach der Norm EN 1891 mindestens 22 kN halten muss. Real ist aber die Reißfestigkeit viel höher: Ein neues Statikseil (Typ A, 11 mm) reißt erst bei einer Belastung zwischen 30 und 34 kN. Dies ist insbesondere bei Seilaufbauten, bei denen Seile stark vorgespannt und auch belastet werden, eine nicht zu unterschätzende Sicherheitsreserve.

### 1.1.4    Spielseile

Diesen Seiltyp gibt es offiziell überhaupt nicht – Sie werden sich deshalb schwer tun, ihn in irgendwelchen Alpinlehrbüchern zu finden. Wir beschreiben damit Seile, die aus irgendwelchen Gründen (Alter, mangelndes Handling, o. Ä.) ausrangiert worden sind und – wie der Name schon sagt – nur noch zum Spielen taugen. Solche alten Stricke sind für diverse Spiele und Aktivitäten in diesem Heft genau richtig. Niemand verlangt von Ihnen, Ihr funkelnagelneues Bergseil durch den Dreck zu ziehen – wenn es nicht aus sicherheitstechnischen Gründen notwendig ist.

Aber genau hier liegt der Hase im Pfeffer:

**Es ist unbedingt notwendig, dass**
- *Spielseile von den sicherheitstechnisch relevanten Seilen (Bergseil, Statikseil) zweifelsfrei unterschieden werden können;*
  (Dieses Problem kann gelöst werden, indem man die Spielseile an den Enden schräg abschweißt)
- *Spielseile nur dann verwandt werden, wenn keine sicherheitsrelevanten seiltechnischen Erfordernisse vorliegen.*
  (Halten Sie sich an die in den Spielbeschreibungen genannten Seiltypen!)

**Überall da, wo ein Spielseil die Anforderungen nicht mehr erfüllen kann, ist genormtes Material (s. o.) in einwandfreiem Zustand zu verwenden.**

Ein Problem ist auch, dass Seile prinzipiell allein durch die Farbe oder die Dicke (besonders nach einigen Jahren) nicht immer bestimmten Seiltypen zugeordnet werden können. Das geht nur, wenn die Banderole am Ende noch da ist oder über ein längeres Katalogstudium.

Deshalb raten wir dringend: Fällt Ihnen ein Seil ohne Banderole in die Hände, das auch nach Katalogsichtung nicht einzuordnen ist – nur als Spielseil verwenden!

*Grundsätzlich werden Seile zu Spielseilen, wenn:*

- Der Mantel beschädigt ist und der Kern sichtbar wird,
- starke Verformungen (Versteifungen, Knickstellen) vorliegen,
- das Seil mit Chemikalien (insbesondere Säuren) Kontakt hatte,
- mechanisch stark belastet wurde (Sturz mit Faktor > 1),
- der Mantel extremen Verschleiß aufweist („Pelz", stark abgenutzte Einzelstellen),
- das Seil irreversible starke Verschmutzungen (Fett, Öl, Bitumen etc.) aufweist,
- das Seil Schmelzschäden durch starke thermische Belastung aufweist.

Um etwaige Schäden zu erkennen, muss das Seil vor und nach Gebrauch überprüft werden – und zwar visuell und manuell (Seil von einem zum anderen Ende durch die Hand laufen lassen).

### 1.1.5  Karabiner

An den sicherheitstechnisch neuralgischen Punkten werden grundsätzlich Karabiner mit Verschlusssicherung verwandt.

Allerdings sind diese Verschlusssicherungen unterschiedlich konzipiert und damit auch unterschiedlich hinsichtlich ihrer Eignung zu bewerten. Das Lehrteam des DAV hat sich mit dieser Problematik eingehend befasst[1] – wir übernehmen hier die wesentlichen Ergebnisse und diskutieren sie hinsichtlich der Umsetzung bei mobilen Seilaufbauten. Folgende Konstruktionen sind derzeit verfügbar:

---

[1]  A. Dick, M. Hoffmann (2003)

- **Karabiner mit gesichertem Verschluss („Safelock-Karabiner")**

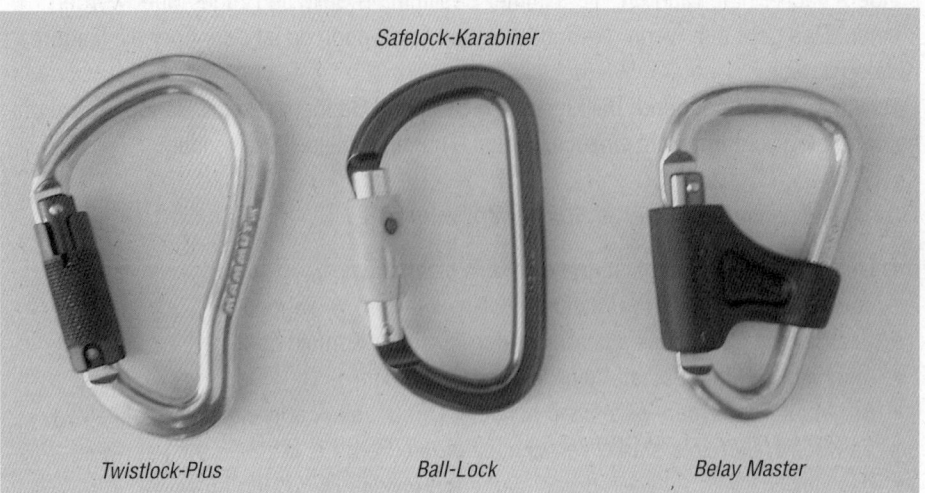

Safelock-Karabiner

Twistlock-Plus        Ball-Lock        Belay Master

Hierzu zählen Verschlusskarabiner, die eine gesicherte Verriegelung aufweisen. Dies wird zum einen mit den so genannten Twistlock-Plus-Verschlüssen umgesetzt – drei unabhängige Bewegungen (schieben, drehen, öffnen) sorgen für eine zuverlässige selbstverriegelnde Sicherung gegen ungewolltes Öffnen (z. B. Mammut Mythos). Bajonettverschlüsse (z. B. Black Diamond) arbeiten ähnlich – allerdings erfolgt die Verriegelung hier nicht selbsttätig, sondern muss manuell sichergestellt werden. Daneben gibt es noch Verschlusskarabiner, die mit einer zusätzlichen mechanischen Einrichtung gegen ungewolltes Öffnen gesichert werden können – hierzu gehört z. B. der DMM Belay-Master oder der Petzl Ball Lock. Bei letzterem Karabiner lässt sich der Verschlussmechanismus bei Verschmutzung und häufiger Benutzung allerdings manchmal nur noch schlecht betätigen; außerdem besteht die Verschlusshülse aus Kunststoff.

Diese Karabiner weisen die uneingeschränkt beste Eignung für mobile Seilaufbauten auf.

- **Karabiner mit ungesichertem Verschluss: („Schraub- u. Twistlock-Karabiner")**

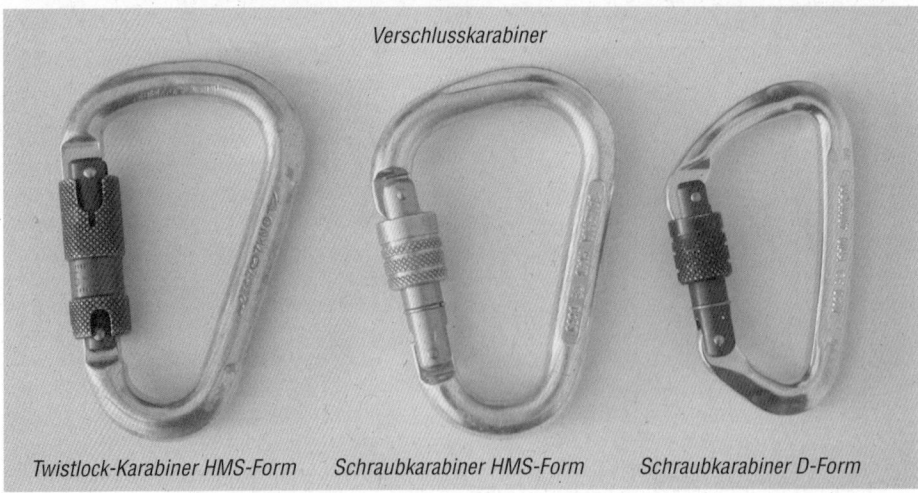

Verschlusskarabiner

Twistlock-Karabiner HMS-Form     Schraubkarabiner HMS-Form     Schraubkarabiner D-Form

Schraubkarabiner weisen gegenüber den Safelock-Karabinern den Nachteil auf, dass sie sich in bestimmten Situationen selbsttätig aufdrehen können. Hierzu gehören bei mobilen Seilaufbauten u. a. Situationen, in denen gespannte Seile in Schwingungen versetzt werden – dies kommt z. B. bei Seilrutschen häufig vor. Verblüffend ist hierbei die Beobachtung, dass dieses selbsttätige Aufdrehen auch stattfinden kann, wenn der Karabiner so eingehängt wird, dass der Gewindeverlauf nach unten(!) zeigt und man eigentlich annehmen könnte, dass sich der Schraubverschluss dann von selbst zudreht.

Die Verwendung von Schraubkarabinern halten wir unter der Prämisse, dass bei hohen Aufbauten prinzipiell redundant gearbeitet wird, für noch akzeptabel. In diesem Zusammenhang empfiehlt sich die Verwendung von Karabinern neuerer Fertigung, bei denen der Schraubverschluss bis zum Anschlag zugedreht werden kann, ohne dass sich bei Last das Gewinde verzieht und der Karabiner nur noch mit der Zange geöffnet werden kann.
Ein ungewolltes Öffnen lässt sich auch mit einem Trick verhindern: Mit einem kleinen Streifen Tape kann der Schraubverschluss so fixiert werden, dass er nicht mehr von alleine aufgehen kann. Damit schlagen Sie zwei Fliegen mit einer Klappe: Zum einen haben Sie ein selbsttätiges Aufdrehen des Verschlusses verhindert, zum anderen wird einem irrtümlichen Öffnen des Karabiners durch Teilnehmer vorgebeugt.[2]

- ***Karabiner mit ungesichertem Verschluss: Twistlock-Karabiner***
Dieses Verschlusssystem arbeitet zwar selbsttätig, ist aber nach einer Drehung von 90° schon offen. Damit ist die Gefahr des unbeabsichtigten Öffnens im Belastungsmoment relativ groß – in diesem Zusammenhang ist es insbesondere bei Seilbrücken und Seilrutschen auch schon zu Unfällen gekommen.
Auf Twistlock-Karabiner sollte bei mobilen Seilaufbauten möglichst verzichtet werden.

- ***Schnappkarabiner***
Auf Schnappkarabiner sollte bei mobilen Seilaufbauten wegen des ungesicherten Verschlusses grundsätzlich verzichtet werden.

---

[2]  Diesen Tipp verdanken wir Klaus Kunigham

# 1.2 Knoten und Verankerungen

## Sackstick (gelegt und gesteckt)

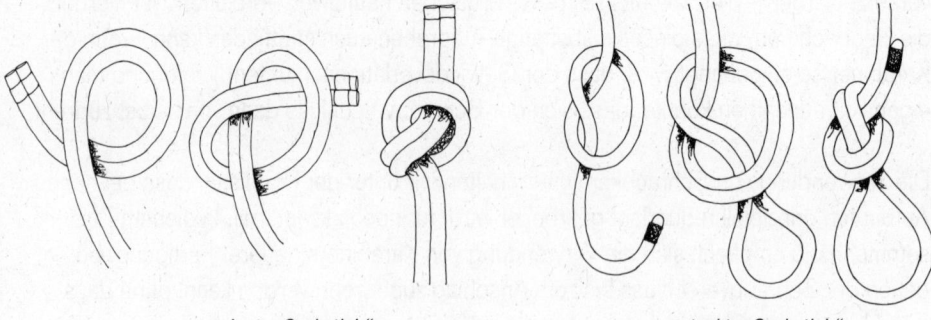

"gelegter Sackstich"                                    "gesteckter Sackstich"

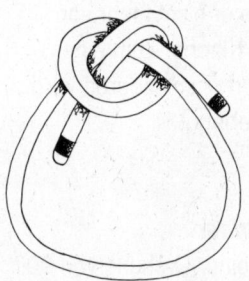

*Sackstich in Ringform*

Beim Sackstich werden zwei Formen unterschieden: die Ring- und die Tropfenform. Insbesondere in der Tropfenform ist der Knoten einer „der" Universalknoten, er findet in vielen Bereichen und Situationen Anwendung. So wird er zum Beispiel beim Anseilen benutzt, um mittels einer Bandschlinge Hüftsitzgurt und Brustgurt zu verbinden (vgl. Alpin-Lehrplan 2). Auch zur Verbindung zweier Seile wird er verwendet – er hält, auch wenn die Seile unterschiedliche Seildurchmesser aufweisen. Als Anseilknoten sollte er allerdings nicht verwendet werden, da er nach längerer oder harter Belastung (Sturz) nur sehr schwer lösbar ist und bei Verwendung ohne Absicherungsknoten aufgehen kann.

## Achterknoten

Der Achterknoten ist ebenfalls ein universeller Knoten und unterscheidet sich nur durch eine zusätzliche Windung vom Sackstichknoten. Dieser Unterschied bringt den Vorteil einer besseren Lösbarkeit mit sich – er wird also in den Situationen dem Sackstich vorgezogen, in denen eine harte Belastung (Sturz) wirken kann. Nachteilig können sich aber seine Größe und der etwas komplizierte Aufbau auswirken.

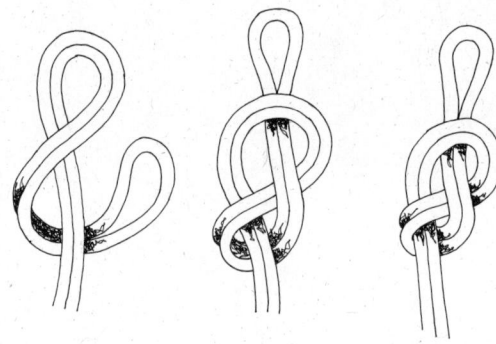

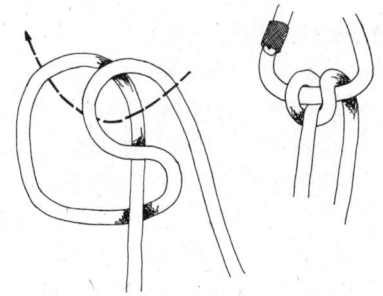

## Halbmastwurf

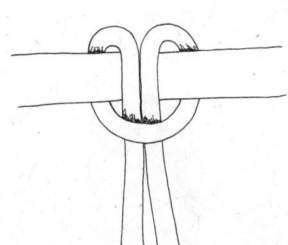

Die Seilschlinge des Halbmastwurfs dient durch die erhöhte Reibung zur Sicherung des Partners beim Klettern. Zusammen mit dem Schleifknoten bildet er eine sehr gute Möglichkeit Seile zu spannen und zu fixieren.

## Ankerstich

Der Ankerstich ist – mit einer Bandschlinge geknüpft – gut als Anschlagpunkt bei Seilaufbauten geeignet, da er unter Last nicht verrutschen kann und die Belastungsrichtung des eingehängten Karabiners optimiert wird (vgl. Kap. 1.9).

## Prusikknoten

Der Prusikknoten bietet eine Möglichkeit, an einem Seil eine verschiebbare Sicherung oder Fixierung anzubringen. Allerdings ist die Haltekraft vom Verhältnis Seil – Schlingenmaterial der Prusikschlinge abhängig. Je größer das Verhältnis – also der Unterschied der Seildurchmesser von Seil und Prusikschlinge –, desto besser hält der Prusikknoten. Allerdings ist dann die Haltekraft der Schlinge geringer, da Seildurchmesser zwischen

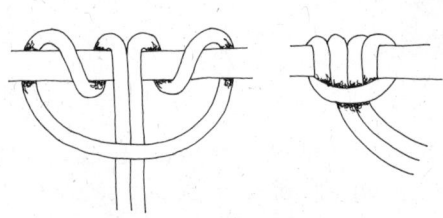

ca. 10 mm und max. 11 mm betragen. Ein guter Ausweg ist die Vergrößerung der Auflagefläche bei Verwendung einer stärkeren Prusikschlinge, d. h. die stärkere Schlinge wird öfter um das Seil gewickelt. Die Klemmwirkung erhöht sich auch durch ein „sauberes" Legen des Knotens.

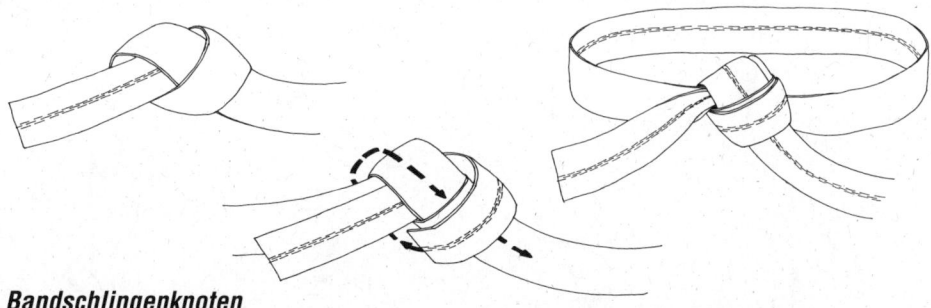

## Bandschlingenknoten

Dieser Knoten ist ein Spezialknoten zum Verbinden von zwei Bandschlingen oder zum Knüpfen eines Bandschlingenrings. Er ist baugleich mit dem Sackstich in Ringform.

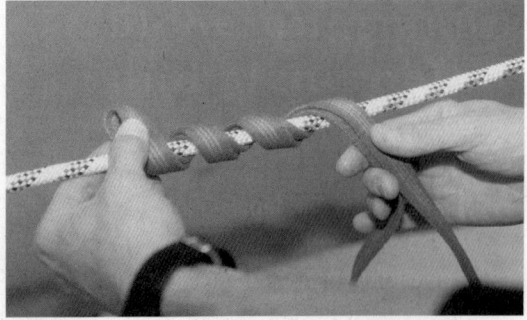

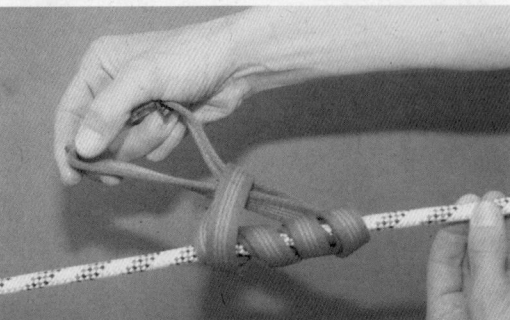

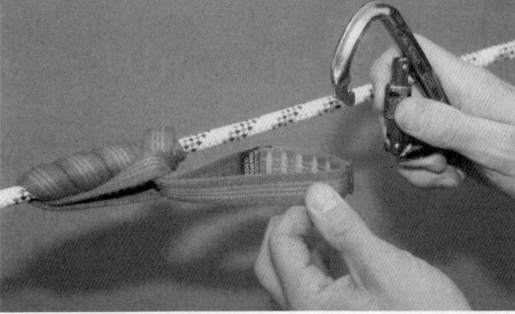

## Kreuzklemmknoten

Auch dieser Knoten ist geeignet, um an einem Seil eine verschiebbare Sicherung oder Fixierung anzubringen. Er bietet im Vergleich zum Prusikknoten höhere Reißfestigkeit sowie den Vorteil einer höheren Auflagefläche und damit einer größeren Reibung zwischen Seil und Schlinge.

## Schleifknoten

Mit dem Schleifknoten kann die Halbmastwurf-Sicherung blockiert werden. Er kann jederzeit wieder gelöst werden – auch unter Belastung. Allerdings muss er zusätzlich hintersichert werden, um unbeabsichtigtes Lösen zu verhindern. Dies kann wie in der Abbildung mit einem Sackstich erfolgen, der um das belastete Seil geknüpft wird, oder mit einem Karabiner, der in die Schlaufe des Schleifknotens und um das belastete Seil geklinkt wird.

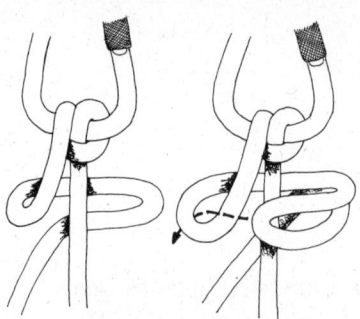
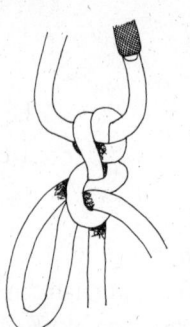

## Papillonknoten

Der Papillonknoten bietet eine weitere Möglichkeit, eine Fixierung an einem Seil anzubringen, allerdings ist diese *nicht verschiebbar*. Beim Aufbau ist deshalb darauf zu achten, dass der Knoten in ausreichendem Abstand zur Aufhängung oder zur Rücklaufsperre angebracht wird. Der wesentliche Vorteil des Knotens liegt in seiner guten Lösbarkeit nach großen Belastungen.

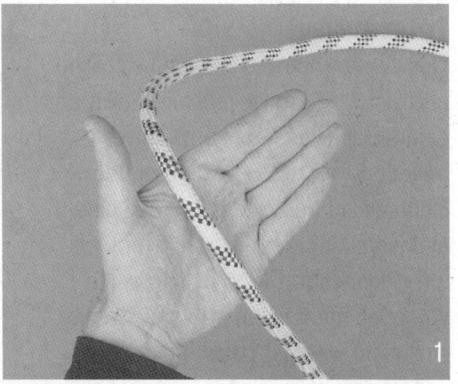

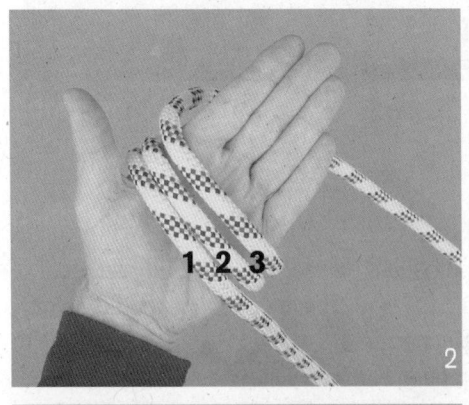

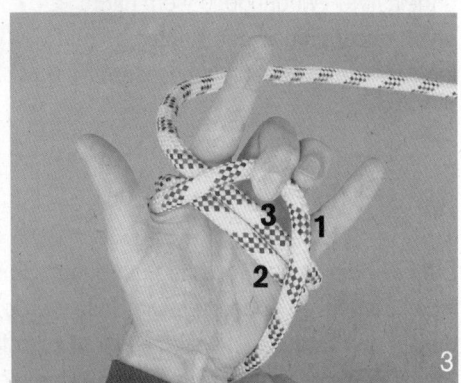

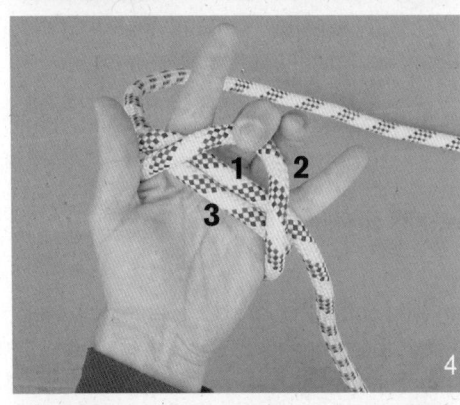

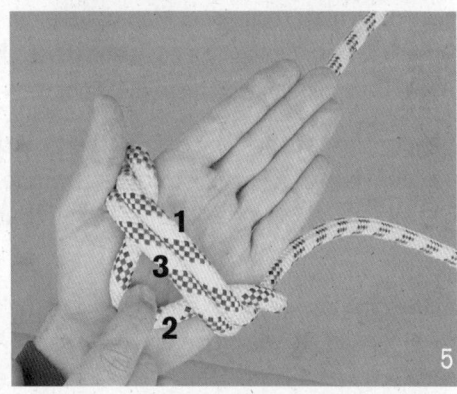

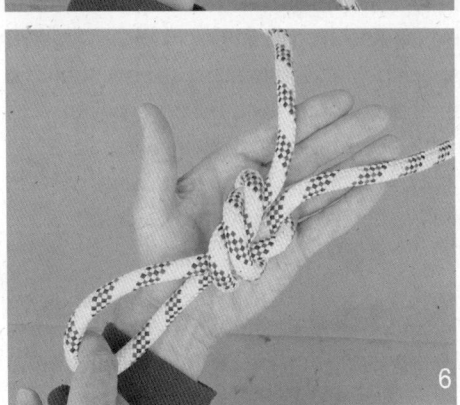

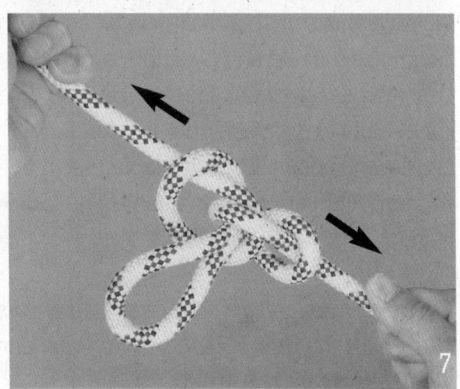

### Wickelknoten

Der Wickelknoten bietet eine einfache und sichere Möglichkeit, das Seil an einem Baum zu verankern. Zu vermeiden ist eine Beschädigung des Baumes am besten, indem man eine alte Isomatte oder ein Stück Teppich um diesen legt. Die Wicklung sollte von oben nach unten erfolgen, damit sich nicht weniger belastete oder unbelastete Windungen lösen, nach unten rutschen und den Knoten lockern oder nachrutschen lassen.

## 1.3 Fixpunkte

Die Fix- oder Anschlagpunkte, an denen Seilaufbauten befestigt werden, müssen über jeden Zweifel erhaben sein. Die Seile werden beim Bau oft stark gespannt und die Kraft, die auf den Fixpunkten lastet, ist nicht zu unterschätzen.

Am besten sind dicke Bäume (bloß keine morschen Krücken verwenden!) oder Verbundhaken aus nicht rostendem Material, die mit einem zugelassenen Verbundmörtel im Fels verankert sind. Optimal ist es, wenn diese „Klebehaken" nicht axial belastet werden. Axiale Belastungen sind dann möglich, wenn

- der Haken in solidem Fels platziert wurde,
- der Haken fachmännisch gesetzt wurde,
- es sich um einen genormten Haken (Bemaßung, Riffelung, Niro etc.) handelt. [3]

Andere Bohrhaken (z. B. Expansionsbohrhaken) sind schwierig zu beurteilen – man weiß nie so genau, wie es im Bohrloch aussieht. An der Oberfläche kann der Haken einen noch so guten Eindruck machen – innen ist er möglicherweise total verrostet. Wir empfehlen, Expansionsbohrhaken in diesem Kontext als Anschlagpunkte nicht zu verwenden. Bäume sind direkt an Flussufern durch Unterspülungen oft wenig stabil – verwenden Sie deshalb besser zurückgesetzte Bäume, an denen die Gruppe auch besser arbeiten kann. Gute Felszacken oder Köpferl tun es auch – aber deren Festigkeit müssen Sie beurteilen können. Scharfe Kanten kann man u. U. mit einem Felshammer „rund" klopfen. Alternativ können auch kleine Gummifußmatten aus dem Autozubehör verwendet werden.

*Bauen Sie nie Seilverspannungen an Normalhaken, Klemmgeräten (Keile, Friends, o. Ä.) oder Sanduhren auf! Vorsicht bei der Verwendung von Brückengeländern oder ähnlichen Bauten.*

---

[3] S. hierzu auch: Stopper (2001)

# 1.4 Spannvorrichtungen und Rücklaufsperren

### 1.4.1 Vorspann

Mit dem Boom mobiler Seilaufbauten hat sich parallel eine Unzahl von Methoden und Techniken entwickelt, Seile in mannigfaltigen Anordnungen zu unterschiedlichsten Zwecken zwischen diversen Fixpunkten zu spannen und für die jeweiligen Ziele, seien sie pädagogischer oder anderweitiger Natur, einzusetzen.

Es würde nicht gelingen, diese Vielfalt umfassend darzustellen – noch weniger wäre es möglich, eine bis in alle Details objektive Bewertung hinsichtlich Sicherheit und Praktikabilität zu erstellen.

Dabei sind die in der Welt der mobilen Ropes Courses kursierenden Verfahren durchaus unterschiedlich: Man findet Materialschlachten neben „sparsamen" Aufbauten (die deswegen nicht unsicherer sind); man entdeckt Harakiri-Seilbrücken, an denen die ganze Last an einer lausigen fünf mm starken Prusikschlinge hängt, ebenso wie Burmabrücken, über die kleine Elefanten laufen könnten. Ein Supermarkt der Spannverfahren – vom Ladenhüter über die Sonderangebote bis zum Kassenschlager ist alles geboten.

Und wie im Supermarkt wird die Schlacht um den Verkauf erbittert und mit allen Mitteln ausgetragen. Eifersüchtig preist jeder Erfinder „sein" Produkt an und Kritik wird selten gern gesehen und noch weniger akzeptiert – sie könnte die „Verkaufszahlen" schmälern. Dies führt dann manchmal dazu, dass Sicherheit auf Glaubensbekenntnissen aufgebaut wird: „Ich glaub' schon, dass das hält."

Unter diesen Gesichtspunkten drängt sich den Autoren ein Bild auf, in dem sie an einem Haifischbecken stehen, dieses Buch hineinwerfen und in gespannter Erwartung zuschauen, welcher Hai zuerst hinein beißt. Und beißen werden sie – das steht außer Frage.

Deshalb formulieren wir an dieser Stelle vorsorglich folgende Hinweise:

- Den Autoren ist bewusst, dass es außer den hier vorgestellten Verfahren noch andere gibt, die gleichermaßen geeignet und sicherheitstechnisch akzeptabel sind.
- Insofern ist die Auswahl in diesem Buch durchaus subjektiv und deckt nicht die gesamte Bandbreite der möglichen Verfahren ab.
- Die Autoren haben sich bei der Auswahl im Wesentlichen von folgenden Faktoren leiten lassen:
  - Gesicherte Erfahrungswerte – insbesondere die, die im Rahmen der Jugendleiteraus- und Weiterbildung der Jugend des Deutschen Alpenvereins (JDAV) seit Jahren gewonnen wurden
  - Vertretbarer Materialaufwand
  - Praktikabilität und Umsetzbarkeit – auch für Einsteiger in die Materie

Solchermaßen gerüstet – steigen wir ein …

## 1.4.2 Anschlagpunkte

Das erste, was beim Spannen eines Seiles zwischen zwei Fixpunkten benötigt wird, ist ein vernünftiges Anschlagsystem. Wir stellen an dieser Stelle zwei Möglichkeiten vor:

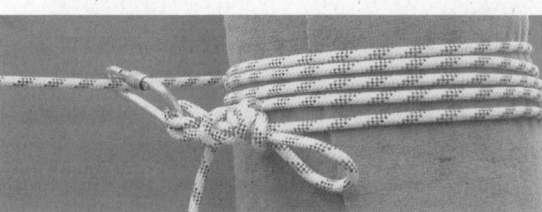

### 1. Wickelknoten

Der Wickelknoten ist eigentlich kein richtiger Knoten – trotzdem bietet er eine einfache und sichere Möglichkeit, Seile an einem Baum zu verankern.

Dabei läuft das zu spannende Seil aus der Wicklung *oben* heraus; das Seilende befindet sich also unten und wird mit einem Verschlusskarabiner, der in das weglaufende Seil eingeklinkt wird, gegen das Herabfallen gesichert. Mit diesem Verfahren wird im Gegensatz zu einer Wicklung über dem weglaufenden Seil verhindert, dass sich weniger belastete oder unbelastete Schlingen lösen, herabfallen und u. U. vom zu spannenden Seil eingeklemmt werden, was die Gefahr einer Seilschädigung mit sich bringt.
Das Seilende kann mit einem Achterknoten oder – als optimale Variante – mit HMS / Schleifknoten in das gespannte Seil eingehängt werden. Letzteres ermöglicht ein Lösen der Wicklung auch unter Last, auch wenn ein Durchrutschen der Wicklung kaum zu erwarten ist.
Die Anzahl der Wicklungen hängt vom Durchmesser des Baumes ab – bei einem Baum von etwa 50 cm Durchmesser sind drei bis vier Wicklungen vollkommen ausreichend.

Ein Hinweis zur Ökologie:
Eine Beschädigung der Baumrinde vermeidet man am besten, indem eine alte Isomatte oder ein Stück Teppich (besser) im Bereich der Wicklung untergelegt wird (vgl. Kap. 7)

### 2. Bandschlinge mit Ankerstich

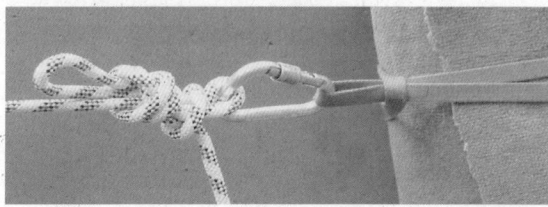

Hierbei wird mit einer genähten Bandschlinge ein Ankerstich um den Baumstamm[4] gebildet. Im freien Ende der Schlinge wird der Verschlusskarabiner eingehängt. Dabei ist zu beachten, dass dieser Karabiner frei hängt und nicht an Bäumen oder Felsen an- oder aufliegt. Nur so kann eine optimale Karabinerbelastung sichergestellt werden. (vgl. Kap. 1.1.5).

---

[4]  Nach einem Feldversuch (Dewald, Osterried, Mayr, 2004) scheint bei Aufbauten mit Statikseilen die Bandschlinge auch bei schwingenden Belastungen, die beim Begehen von gespannten Seilen oft vorkommen, eine ausreichende Reißfestigkeit aufzuweisen. Selbst nach 1500maligem Wippen mit einer Maximalbelastung von 760 kg traten keine gravierenden Schäden an der Schlinge auf.
Wir weisen allerdings darauf hin, dass dies nur für Aufbauten mit Statikseilen gilt! Halfer kam 2004 bei der schwingenden Belastung von Bandschlingen, die mittels Ankerstich an Bäumen angeschlagen waren, unter der Verwendung von Industriematerial (Stahlseil) zu völlig anderen Ergebnissen. Hier riss die Bandschlinge im Ankerstich nach 344 schwingenden Belastungen bei einer maximalen Belastung der Schlinge von ca. 6 kN! (s. Anhang)

Das Seil wird vorzugsweise mit einem abgesicherten HMS / Schleifknoten in einen Verschlusskarabiner eingehängt. Damit ist ein Öffnen unter Last (z. B. bei einer Intervention) und nach starker Belastung zuverlässig möglich.

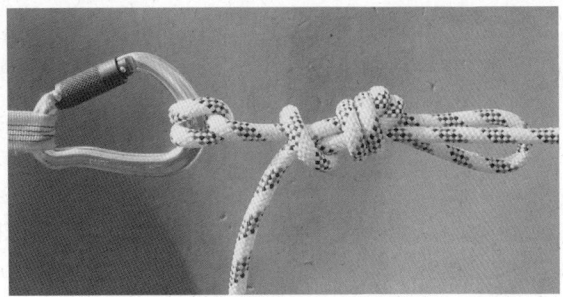

Ökologie:
Wie beim Wickelknoten kann zur Rindenschonung wieder ein Teppichrest untergelegt werden.

### 1.4.3 Flaschenzüge

Der nächste Schritt zur Konstruktionen einer stabilen Seilverspannung besteht nun darin, das wie oben beschrieben angeschlagene Seil auf der anderen Seite mit einem geeigneten Verfahren unter Spannung zu setzen. Die klassische Lösung ist dabei der

*Schmelzverbrennung*

### *Expressflaschenzug mit Prusikschlinge*

Diese Methode hat aber in einer gebrauchten Prusikschlinge insbesondere bei hohen Spannkräften über vier kN (und die sind bei einer hinreichend motivierten Zugmannschaft schnell erreicht) eine nicht zu unterschätzende Schwachstelle. Selbst wenn durch ein dreifaches Legen der Prusikschlinge ein Durchrutschen und die daraus resultierende Schmelzverbrennung (s. Foto links) meist verhindert werden kann, ist die Festigkeit der Reepschnur bei den hier auftretenden Kräften grenzwertig. Deshalb enden intensive Spannversuche mit Prusikschlingen oft mit angeschlagenen Extremitäten bei den Zugmannschaften – wir raten Ihnen: Verzichten Sie in Flaschenzügen bei Seilaufbauten mit hohen Spannkräften prinzipiell auf den Einsatz von Prusikschlingen.

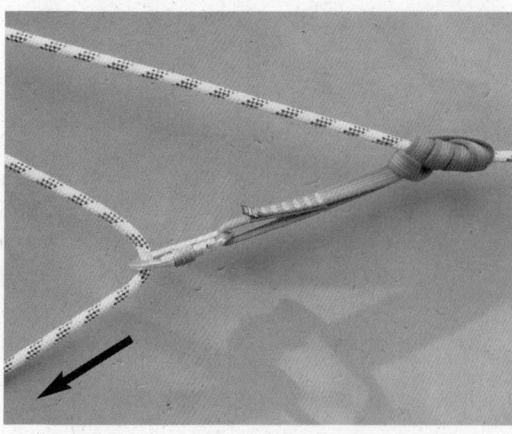

Als mögliche Lösung bietet sich hier ein

### Expressflaschenzug mit Kreuzklemmknoten an.

Der Kreuzklemmknoten ist ein Klemmknoten aus Bandschlingen- material und hat die gleiche Funktion wie der Prusikknoten. Wir empfehlen *grundsätzlich* die Verwendung des Kreuzklemm- knotens, weil das Bandschlingen- material zuverlässig klemmt, im Gegensatz zu einer Prusikschlinge wesentlich stabiler ist und auch bei Zugkräften von fünf bis sechs kN nicht reißen kann.

Weitere Klemmknoten aus Bandschlingenmaterial sind denkbar – hier liegen uns aber keine Erfahrungen vor. Wir sind allerdings der Auffassung, dass der Typ des Klemm- knotens keine große Rolle spielt, solange er aus Bandmaterial besteht und gute Klemm- wirkung aufweist.

Wir wollen allerdings auch nicht verschweigen, dass es uns bei unseren Tests durchaus gelungen ist, auch einen Kreuzklemmknoten zum Durchrutschen zu bewegen. Wie bei einer Prusikschlinge gab es auch hier Schmelzverbrennungen – allerdings ohne Abriss. Trotzdem hat auch der Kreuzklemmknoten eine Achillesferse: bei sehr starker Zugbe- lastung kann sich ein „Strumpfhosen- Effekt" einstellen, indem sich der belastete untere Knotenteil über den oberen stülpt. Dieser Effekt führt noch nicht zum Abriss – allerdings ist die Strumpfhose nur mit einigen Mühen wieder zu entwirren.

Alternativ kann ein Prusikknoten auch aus Bandschlingenmaterial geknüpft werden. Die Klemmkraft scheint aber auch bei dreifacher Wicklung geringer als beim Kreuzklemm- knoten zu sein.

Um der Durchrutschgefahr, Strumpfhoseneffekten und zu schwachen Dimensionierun- gen aus dem Weg zu gehen, kann der aus der Canyoning-Technik stammende

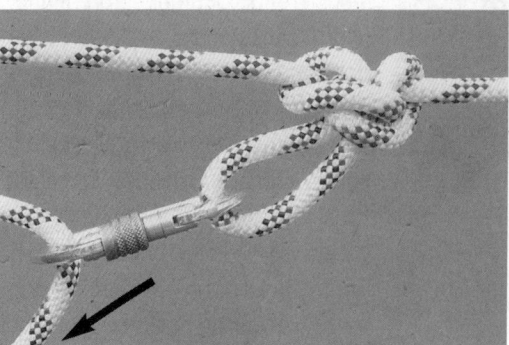

### Papillon-Knoten

verwendet werden Der Knoten wird mit dem zu spannenden Seil ge- knüpft und geht auch nach starker Belastung immer wieder auf. Allerdings hat auch dieser Knoten einen Nachteil – er kann nicht wie der Prusik- und der Kreuzklemm- knoten am Seil entlang verschoben werden. Dies bedeutet, dass man vor dem Spannen die Lage des Papillon – Knotens so weit von der Umlenkung entfernt wählen muss, dass der Weg zum Spannen reicht.

### 1.4.4 Rücklaufsperren

Mit den Flaschenzügen ist nun eine Technik vorhanden, Seile bei entsprechendem Zug durch eine Hilfstruppe unter Spannung zu setzen. Was allerdings bislang fehlt, ist eine Methode, diese Spannung auch zu erhalten – denn lässt die Zugmannschaft los, bewegt sich das gesamte System in seinen ungespannten Ursprungszustand zurück.

Um dies zu verhindern, muss eine Rücklaufsperre am Anschlagpunkt installiert werden. In diesem Zusammenhang sind folgende Verfahren denkbar:

#### 1. Wickelknoten

Das von der Zugmannschaft unter Spannung gesetzte Seil wird wie unter 1.4.2 beschrieben um den Baum gewickelt und mit einem Verschlusskarabiner hintersichert. Damit ist das gespannte Seil zuverlässig blockiert und kann auch unter Last jederzeit wieder gelöst werden.

> **Vorsicht:**
> Der Wickelknoten als Rücklaufsperre kann nur in Verbindung mit dem Expressflaschenzug und Papillon eingesetzt werden! Beim Einsatz des Expressflaschenzugs mit Prusik oder Kreuzklemmknoten riskiert man unter der an diesen Knoten angreifenden Last ein plötzliches Durchrutschen und unter Umständen einen Abriss, was zum Kollaps der gesamten Anlage führen kann!

Diese Methode besticht durch die einfache Lösung, benötigt aber viel Platz und einen weitgehend frei stehenden Baum, damit die Zugmannschaft die notwendige Bewegungsfreiheit erhält. Auch aus ökologischer Sicht müssen Bedenken angemeldet werden: Trittschäden rund um den betreffenden Baum sind nicht auszuschließen.

#### 2. HMS / Schleifknoten (Bild siehe Seite 27 oben)

Der HMS / Schleifknoten als Rücklaufsperre ist eine erprobte und über lange Jahre in der JDAV praktizierte Methode. Allerdings ergeben sich beim Knüpfen des Schleifknotens in der Praxis zwei Schwierigkeiten:

- Der Schleifknoten wird oft falsch gelegt, weil er wenig bekannt und zudem nur mit entsprechender Übung sicher beherrscht wird. Oft wird eine ähnliche Form geknüpft, die eine permanente Fixierung nicht gewährleistet. Diese Methode ist also nur für Personen geeignet die den Schleifknoten *sicher* beherrschen!
- Der Schleifknoten muss unter Last geknüpft werden. Auch das erfordert eingehende Übungen, die mitunter mit eingezwickten Fingern einhergehen. Für dieses Problem gibt es allerdings eine Lösung, die weiter unten beschrieben wird (Stopper-Methode, vgl. Kap. 1.4.6)
- Hinweis: Der Schleifknoten muss gegen unbeabsichtigtes Öffnen immer abgesichert werden!

### 3. GriGri

Das GriGri ist mittlerweile beim Klettern als Sicherungsgerät weit verbreitet und kann im vorliegenden Zusammenhang als Rücklaufsperre und Überlastbegrenzung eingesetzt werden.

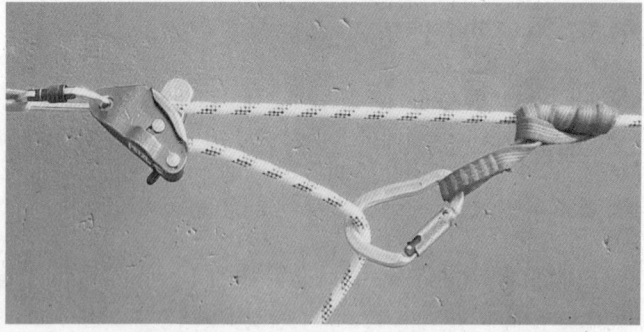

Insbesondere die OeAV-Jugend hat dieses Gerät schon früh bei Seilaufbauten genutzt und gute Erfahrungen damit gemacht.

Die Seilführung im Gerät ist einleuchtend und das Einlegen und Spannen funktioniert nur auf eine mögliche Art und Weise – eine fehlerverzeihende Variante. Das Seil kann nach unseren Erfahrungen auch immer relativ einfach wieder gelöst werden. Hinzu kommt, dass das GriGri laut Hersteller so konstruiert ist, dass das belastete Seil bei einer bestimmten maximalen Belastung geringfügig durchrutscht, nach Unterschreitung dieser Belastung aber sofort wieder zuverlässig blockiert.

Im Laborversuch konnte dies verifiziert werden – damit ist ein Seilriss durch Überlastung kaum mehr vorstellbar (s. Anlage: Prüfprotokoll). Allerdings muss einschränkend darauf hingewiesen werden, dass das Seil im Laborversuch langsam immer stärker belastet wurde. Ob das hier beobachtete „Durchrutschen" auch bei schlagartigen Belastungen funktioniert, wie sie zum Beispiel beim Auffangen eines Sturzes auftreten, ist durch den oben beschrieben Laborversuch nicht nachgewiesen worden[5].

An dieser Stelle muss auch darauf hingewiesen werden, dass die Benutzung des GriGris als Rücklaufsperre und Überlastbegrenzung bei der Konstruktion des Gerätes nicht vorgesehen war und somit in gewisser Weise eine Zweckentfremdung darstellt. Damit ist eine Produkthaftung des Herstellers u.U. nicht mehr gewährleistet.

Und noch ein Nachteil sollte erwähnt werden: Das Gerät ist nicht ganz billig.

### 1.4.5   Exkurs: Diskussionen im Haifischbecken

In der Fachdiskussion unter den Erbauern und Benutzern mobiler Ropes Courses gibt es an dieser Stelle nach unseren Erfahrungen oft massivste Auseinandersetzungen und erbitterte Duelle. Ursache ist eine mittlerweile fast nicht mehr zu übersehende Anzahl von Geräten und Techniken, die den Markt überschwemmen und als Rücklaufsperren eingesetzt werden können. Jede Anwenderin und jeder Anwender macht da natürlich positive wie negative Erfahrungen und wirft sie in die Waagschale von Pro und Contra – stundenlang können sich so selbsternannte und nachgewiesene Experten in diesem Zusammenhang ereifern.

Wir sehen uns außerstande, diese Diskussion umfassend darzustellen und zu bewerten. Allerdings halten wir es für notwendig, die Aspekte einiger Techniken kritisch zu würdigen und die Vor- und Nachteile zumindest in den Grundzügen darzustellen.

---

[5]   Für diese Situationen (schlagartige Belastungen) ist das GriGri auch nicht konstruiert worden. Beim Klettern soll es ja auch nur bei Körpersicherung und nicht beim Sichern über den Stand eingesetzt werden – die dämpfende Wirkung des Körpers beim Halten eines Sturzes ist einkalkuliert.

Zum einen existieren neben den oben beschrieben Techniken und Geräten auch Verfahren, die sicherheitstechnisch durchaus in Ordnung sind und eingehende Beachtung verdienen.

So wird zum Beispiel mit dem Abseilachter als Rücklaufsperre experimentiert („Kara-Acht") – allerdings kamen wir bei unseren Messungen hier zu keinen eindeutigen Ergebnissen. Offenbar hängt die Sperrwirkung vom Alter der Seile ab und ist bei der Verwendung von neuen Seilen sehr gering. Auch der SHUNT (Petzl) könnte nach uns vorliegenden Berichten eine passable Rücklaufsperre abgeben.

Ebenfalls in der Diskussion sind Überlastsicherungen, die nach dem Prinzip der Klettersteigbremsen zwischengeschaltet werden und bei Lastspitzen über einen Schlupf nachgeben und so Seilbeschädigungen oder Seilrisse verhindern sollen. Allerdings ergibt sich hier die Problematik, dass Klettersteigbremsen einzeln (also ohne Klettersteigset) im Handel nicht erhältlich sind. Dies hat einen sicherheitstechnischen Hintergrund: Die Bohrungen in der Bremsplatte müssen exakt auf den Seildurchmesser abgestimmt sein – werden andere Seildurchmesser verwandt, funktioniert die Bremse nicht mehr korrekt!

Dem gegenüber stehen allerdings auch Techniken, die wir nicht empfehlen können und von denen wir abraten:

### Gardaklemme:

Das Seil wird in der Gardaklemme sehr ungünstig belastet. Diese Knickbelastung ist inbesondere bei Statikseilen problematisch – bei großer Spannung und starker Seilbelastung (z. B. zwei Personen, die wippen) kann ein Seilriss im Knoten durch Abscherung nicht ausgeschlossen werden. (Ein derartiger Seilriss ist bereits vorgekommen – allerdings mit einem 9 mm-Seil).

Außerdem kann es unter bestimmten Bedingungen unter Last (die Umstände sind nicht geklärt) zur Öffnung eines oder beider Karabiner kommen. Da Schnappkarabiner verwendet werden (mit Verschlusskarabinern funktioniert die Gardaklemme meist nicht richtig, da die breiteren Verschlusshülsen ein zuverlässiges Abklemmen durch die Karabinerschenkel verhindern), resultiert eine Schnapper-offen-Belastung, die zum Bruch des Karabiners führen kann.

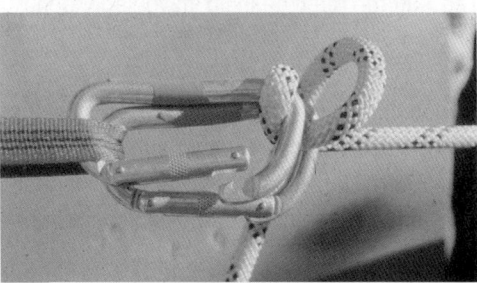

*Schnapper – offen – Belastung bei der Gardaklemme*

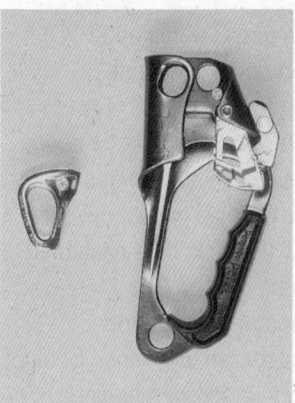

### Tibloc, Jümar und Co.:

Alle Geräte, die das Seil über eine Zahnung blockieren, können zu Schädigungen am Seilmantel führen und damit das Seil irreversibel verletzen. Komplette Abrisse des Mantels sind nach uns vorliegenden Berichten bereits vorgekommen. Als Rücklaufsperre sollten diese Geräte deshalb tabu sein.[6]

Bei Flaschenzügen ist die Verwendung dieser Geräte denkbar, wenn sie lediglich zu Spannen verwandt werden und danach aus der Belastungskette herausgenommen werden.

Wir weisen allerdings darauf hin, dass Seilschädigungen nicht auszuschließen sind. Letzterem Risiko kann begegnet werden, wenn man zum Beispiel mit zwei Jümars und einer Ausgleichsverankerung arbeitet.

Links: Tibloc
Rechts: Steigklemme (Jümar)

### Rücklaufsperren für Doppelseile (z. B.: Magic Plate, Gi-Gi Platte, etc.):

Diese Geräte drängen sich durch ihre Bau- und Funktionsweise als Rücklaufsperren geradezu auf. Zur Sicherung von zwei Nachsteigern im alpinen Klettergelände konzipiert, wird beim Sturz eines Nachsteigers das Seil automatisch in der Sicherungsplatte blockiert.

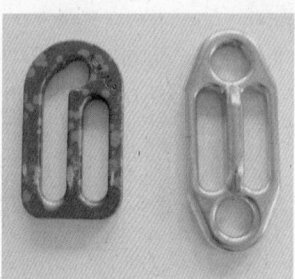

Bei der Verwendung als Rücklaufsperre können allerdings durchaus höhere Belastungen – und zwar dauerhaft – auf das Seil und das Sicherungsgerät einwirken, so dass die Gefahr des Durchrutschens gegeben ist. Entscheidend sind hierbei auch Radius und Form des Karabiners, mit dessen Hilfe das Seil blockiert wird. Bei unseren Versuchen kam es bei geringen Karabinerradien und einem asymmetrischen Querschnitt des Karabinerschenkels zu einer Seilquetschung mit Mantelbeschädigung.

Links: Magic Plate
Rechts: GiGi

Außerdem sind diese Systeme unter Belastung nicht lösbar – dies bedeutet u.U. erschwerte Interventionsmöglichkeiten.

Die Autoren raten deshalb im vorliegenden Kontext von der Verwendung dieser Geräte ab.

Die obigen Einlassungen begründen sich aus der langjährigen Erfahrung der Autoren und der JDAV und sind daher subjektiv. Auch ist die Diskussion keinesfalls abgeschlossen: Derzeit erscheint jährlich mindestens ein neues Sicherungsgerät, das unter Umständen ebenfalls als Rücklaufsperre eingesetzt werden kann.

---

[6]  Auch seitens der Hersteller sind diese Geräte für die hier auftretenden Belastungen nicht ausgelegt und eher unterdimensioniert.

### 1.4.6 Empfohlene Verfahren

#### 1. Expressflaschenzug mit Papillonknoten und Wickelknoten

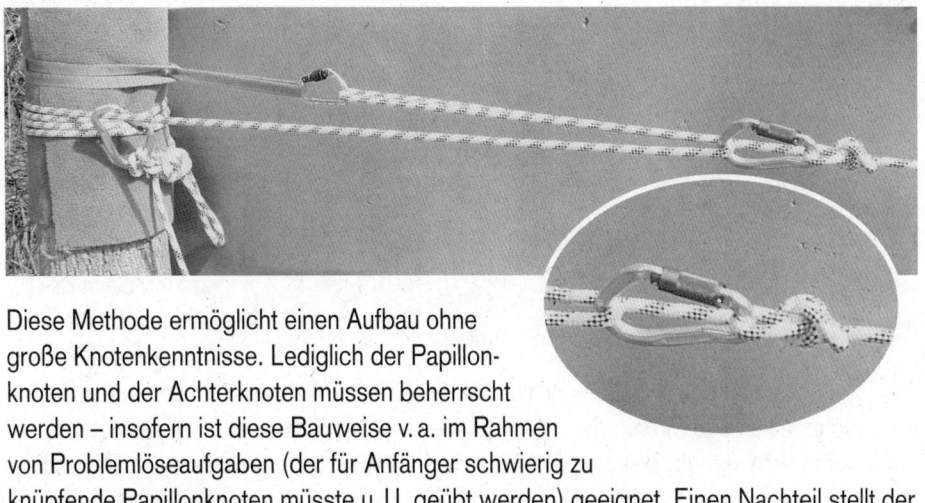

Diese Methode ermöglicht einen Aufbau ohne
große Knotenkenntnisse. Lediglich der Papillonknoten und der Achterknoten müssen beherrscht
werden – insofern ist diese Bauweise v. a. im Rahmen
von Problemlöseaufgaben (der für Anfänger schwierig zu
knüpfende Papillonknoten müsste u. U. geübt werden) geeignet. Einen Nachteil stellt der
große Platzbedarf dar.

Das Seil wird auf einer Seite mit dem Wickelknoten an einem geeigneten Baum angeschlagen; das Seilende wird mit einem Achterknoten oder HMS / Schleifknoten in einem
Verschlusskarabiner an dem weglaufenden Seil rückversichert. Auf der anderen Seite
wird ein Expressflaschenzug mit Papillonknoten installiert; hier besteht der Anschlagpunkt aus einer genähten Bandschlinge, die mittels Ankerstich am Baum befestigt wird.
Dabei muss darauf geachtet werden, dass der Papillonknoten (da er nicht verschiebbar
ist) in genügenden Abstand vom Anschlagpunkt geknüpft wird, damit genügend Weg
zum Spannen zur Verfügung steht.

Danach wird das Seil gespannt und – sobald die gewünschte Spannung erreicht ist –
um den Baum gewickelt und rückversichert.

Versuche haben gezeigt, dass nahezu die gleiche Vorspannung erreicht werden kann,
wenn statt dem Expressflaschenzug mit Papillon ein einfacher Mannschaftszug eingesetzt wird. Dabei zieht eine kräftige Zugmannschaft aus vier bis fünf Personen an und
wickelt das zu spannende Seil unter Zug um den Baum. Meist ist die Reibung nach einer
dreiviertel Wicklung schon so groß, dass kaum Rücklaufverluste auftreten.

*Vorsicht:* Mit dieser Spannmethode (ob Mannschaftszug / Wickelknoten oder Papillon /
Wickelknoten) können mit vier bis fünf „Normpersonen" Vorspannungen bis zu fünf bis
sechs kN erreicht werden. Das ist für sich genommen noch kein Problem – wird das
gespannte Seil aber wie z. B. beim Mohawk-Walk mit mehreren Personen belastet, die
zusätzlich wippen, können Belastungsspitzen bis zu neun kN auftreten! Ältere Statikseile
am Ende ihrer Karriere könnten dann bis an das Maximum ihrer Reißfestigkeit belastet
werden.[7] (vgl. Kap. 1.9.2)

---

[7]  Vgl. Kunigham (2004)

## 2. Stopper-Methode[8]

Dieser Aufbau verwendet den HMS / Schleifknoten als Rücklaufsperre. Zusätzlich wird ein Flaschenzug-System installiert, um das Problem des Knüpfens des Schleifknotens unter Last zu umgehen.

Das Seil wird nicht am eigenen Anschlagpunkt, sondern über einen separaten Fixpunkt mit einem doppelten Flaschenzug gespannt. Beim Erreichen der max. Spannung blockiert die Zugmannschaft durch Halten am Zugseil den Seilrücklauf des zu spannenden Seils, während eine kundige Person den HMS-Knoten am Anschlagpunkt möglichst weit durchzieht und einen gut gelegten Schleifknoten als Rücklaufsperre anbringt. Danach wird die Last von der Zugmannschaft durch Nachlassen auf das zu spannende Seil übertragen. Der Schleifknoten wird hintersichert.

Die Verwendung von Rollen reduziert die hier verstärkt auftretenden Reibungskräfte. Durch intensives Üben können mit diesem Verfahren Vorspannungen bis zu drei kN erreicht werden. Vor allem für hohe Aufbauten wie Seilbrücken oder Seilrutschen ist dieses Verfahren damit gut geeignet.

## 3. Expressflaschenzug und GriGri

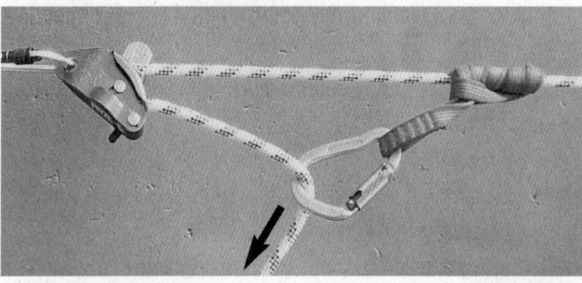

Diese Spannmethode ist die nach unserer Auffassung derzeit zweckmäßigste und am schnellsten umsetzbare Lösung – wenn die erforderlichen Geräte zur Verfügung stehen. Dabei wird das GriGri als Rücklaufsperre in einem Expressflaschenzug eingesetzt.

Zusätzlich muss das Gerät nach dem Spannen gegen unbeabsichtigtes Öffnen abgesichert werden: Hierzu wird das freie Seil auf der dem Hebel des GriGri abgewandten Seite um den Baum geführt und mit HMS / Schleifknoten und einem separaten Verschlusskarabiner rückversichert. (s. Foto oben links).

---

[8] Diese Methode verdanken wir dem Leiter der Sicherheitsforschung im DAV, Dieter Stopper

## 4. Pasa-Block[9]

Dieses relativ neue Verfahren kommt aus der Seefahrt und besticht durch seine geniale und simple Anordnung. Es kommt mit ein paar Karabinern und einem Seil aus und ist, wenn man die im Aufbau gegeneinander arbeitenden Flaschenzüge einmal begriffen hat, gut und schnell umzusetzen. Besonders bei niederen Aufbauten entwickelt diese Methode ihre Stärken. Etwas nachteilig kann sich der hohe Platzbedarf auswirken. Zum besseren Verständnis wird der Aufbau in der folgenden Bildserie verdeutlicht:

Wir beschreiben im Folgenden einen Aufbau, in dem sich das Spannsystem links und der Seilabschnitt, auf dem später balanciert werden soll, rechts befindet.

Zunächst wird der rechte Anschlagpunkt festgelegt. Dies kann ein HMS / Schleifknoten sein, der mittels Verschlusskarabiner in eine Ankerstichschlinge (um Baum) eingehängt ist. Wahlweise ist auch ein Wickelknoten möglich.

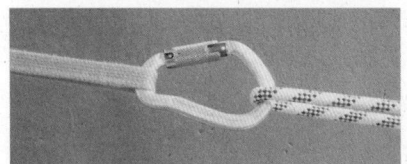

Anschließend wird das zu spannende Seil auf der anderen Seite lediglich durch einen Verschlusskarabiner geführt, der wiederum über einen Ankerstich am jenseitigen Baum angeschlagen ist.

In das zwischen den Anschlagpunkten laufende Seil wird nun an einem Punkt, der etwa 1 / 3 der Gesamtstrecke vom linken Anschlag entfernt ist, ein Papillonknoten geknüpft und ein Verschlusskarabiner eingehängt.

In das vom linken Anschlagpunkt zurücklaufende Seil wird ebenfalls ein Papillonknoten geknüpft und ein Verschlusskarabiner eingehängt. Ideal ist, wenn sich die Karabiner bei mit Handkraft gespannte Seil gerade nicht berühren.

---

[9]  Die Kenntnis dieses Verfahrens verdanken wir Gabriel de Fonseca.

Anschließend wird eine Schlinge des zwischen den Anschlagpunkten laufenden Seils wie im Foto durch den Karabiner geführt ...

... und in den Karabiner eingehängt, der sich im vom linken Anschlagpunkt weglaufenden Seil befindet.

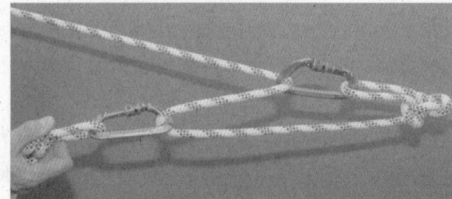

Durch Zug am Seil wie im nebenstehenden Foto kann das System provisorisch gespannt werden.

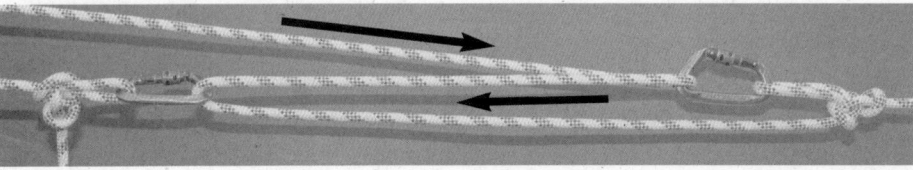

Durch gegenläufigen Zug an den Seilabschnitten (siehe Pfeile) kann das System endgültig auf die erforderliche Vorspannung gebracht werden.

Die Vorspannung kann erhöht werden, wenn sich ein Baum ein bis zwei Meter rechts oder links versetzt des mit Pasa Block gespannten Seiles befindet.

Zu diesem Zweck wird das gespannte Seil hinter dem Spannsystem mittels Verschlusskarabiner und Hilfsseil zum seitlich stehenden Baum ausgelenkt und mit Wickelknoten fixiert.

Das Balancieren findet dann auf dem einfachen Seilstrang und nicht im Bereich des Spannsystems statt.

Dort ist ein Balancieren zwar auch möglich – allerdings besteht die Gefahr, mit dem Fuß durch die hin- und rücklaufenden Seile zu rutschen und sich Abschürfungen zuzuziehen.

## 1.5 Redundanz

Bei Seilaufbauten wird das Prinzip der Redundanz oft als die doppelte Auslegung der verwendeten Systeme verstanden. Dies bedeutet zum Beispiel, dass bei einer Seilbrücke über eine Schlucht das Seil inklusive Fixierung doppelt vorhanden ist. Ebenso gilt dies für die Sicherung der Person, die an den doppelt geführten Seilen die Schlucht überquert – hier reicht nicht die Verwendung nur eines Verschlusskarabiners – es müssen *zwei gegenläufig eingehängte Verschlusskarabiner* sein. Dies wird bei Erlebnispädagogen und Outdooranbietern oft umgesetzt – allerdings endet die Redundanz am Zentrum des Klettergurtes. Es wird in der Regel kaum als notwendig erachtet (und es ist es auch nicht), den Klettergurt und möglicherweise den Helm doppelt anzuziehen.

Damit ist allerdings eine fatale Falle gespannt:
Das System Seilbrücke, in dem sich Teilnehmer und Leiter bewegen, ist streng genommen nur noch teilredundant. Schließt einer der Begeher der Seilbrücke seinen Gurt nicht korrekt und öffnet sich der Verschluss bei der Überquerung der Schlucht unbemerkt, kann weder das redundant geführte Seil noch die doppelte Karabineraufhängung den Absturz verhindern.
Also greift das oben beschriebene Redundanzverständnis zu kurz und muss verändert bzw. konkretisiert werden. Klaus Kunigham[10] hat in diesem Zusammenhang einen Ansatz beschrieben, an den wir unsere Haltung anlehnen und den wir an dieser Stelle kurz vorstellen möchten.

Grundsätzlich kann man sich der Problematik gut nähern, wenn die möglichen Versagensbereiche bei Seilaufbauten beschrieben werden. Denkbar sind:

- **Materialversagen** (ein Karabiner bricht);
- **Funktionsversagen** (ein Karabiner hängt sich ungewollt selbstständig aus);
- **menschliches Versagen** (der falsche Karabiner wird versehentlich ausgehängt).

Aus diesen Versagensbereichen lassen sich nun die unterschiedlichen Forderungen nach der jeweils notwendigen Redundanz ableiten: Zu fordern ist bei allen Seilaufbauten, bei denen Verletzungen durch Absturz zu erwarten sind:

- eine **Materialredundanz** (Der Bruch eines Karabiners wird durch einen zweiten parallel geschalteten Karabiner abgesichert);
- eine **Funktionsredundanz** (Das ungewollte selbstständige Aushängen eines Karabiners wird durch die Verwendung eines doppelt abgesicherten Verschlusses (Safelock-Karabiner) verhindert);
- eine **Selbst- oder Fremdkontrolle von Handlungen** (z. B. Vier Augen Prinzip, etc.).

---

[10] Kunigham (2003)

# 1.6. Zur Hüftgurt- / Brustgurtproblematik

Die im Folgenden beschriebenen Aktionen spielen sich zum Teil in größeren Höhen ab und machen damit die Sicherung der agierenden Personen unumgänglich. Während Aufhängung und Redundanz wie in Kap. 1.5 beschrieben grundsätzlich auf Einverständnis stoßen und nur in dem einen oder anderen Detail diskutiert werden, ist die Meinung bezüglich der Frage, ob bei mobilen Seilaufbauten der Hüftgurt ausreicht oder grundsätzlich eine Hüftgurt- / Brustgurtkombination zum Einsatz kommen muss, durchaus nicht einhellig.

Zur Vorgeschichte: Beim Klettern galt bis vor kurzem das Anseilen mit Hüftgurt und Brustgurt als Standard; die alleinige Verwendung des Hüftgurts wurde auf Sonderfälle wie z. B. Sportklettern in überhängendem Gelände mit dichten Hakenabständen beschränkt. Mittlerweile hat sich die Lehrmeinung fast umgedreht: Es scheint so, als entwickle sich das Anseilen nur mit dem Hüftgurt zur Standardmethode – die zusätzliche Verwendung des Brustgurtes ist nur noch in Sonderfällen vorgesehen.
Ein wesentlicher Auslöser dieser in ihrer radikalen Wendung doch überraschenden Entwicklung waren die Untersuchungen zweier österreichischer Ärzte [11], die hinsichtlich der bei der alleinigen Verwendung des Hüftgurts ehemals prognostizierten Wirbelsäulenverletzungen zu anderen Ergebnissen kamen.
In der Konsequenz empfahl das österreichische Kuratorium für alpine Sicherheit das Anseilen mit dem Hüftgurt als Standard und auch das Bundeslehrteam des DAV setzte sich mit der Problematik auseinander [12]. Wir lehnen uns in unserer Haltung an die des Lehrteams des DAV an.
Grundsätzlich macht es u. E. keinen Sinn, sich neueren Erkenntnissen und Entwicklungen zu verschließen und stur auf die Verwendung einer Hüftgurt / Brustgurtkombination zu beharren.
Tragfähig ist möglicherweise die Erkenntnis, dass es keine allgemeingültige und festzementierte Lehrmeinung geben kann, die alle denkbaren Situationen pauschal abdeckt.
An dieser Stelle ist es angebracht, die Gurtwahl einer fachlich fundierten, eigenverantwortlichen Entscheidung des Leiters zu überlassen, der mögliche Unfallursachen erkennt, das jeweilige Risiko einschätzt und aus der jeweiligen Verantwortungssituation heraus die angemessene Methode wählt.

Wir empfehlen bei den in diesem Buch vorgestellten mobilen Seilaufbauten folgende Haltung:
Prinzipiell sollte bei Kindern und übergewichtigen Personen wegen der Kippgefahr und dem damit möglichen Herausrutschen aus dem Hüftgurt zusätzlich ein Brustgurt verwendet werden. Wir raten auch bei Anfängern und Behinderten zu einer Hüftgurt / Brustgurtkombination, weil hierdurch mehr Stabilität und Sicherheitsgefühl vermittelt werden kann.

---

[11] Lutz, M.; Mair, P. (2002)
[12] Dick, A.; Hofmann, M.; Schrag, K. (2003)

Andere Gefahren wie unkontrollierte Stürze kommen kaum vor. Ein Anschlagen an Hindernisse wie z. B. bei der Seilrutsche ist zwar denkbar (sollte bei richtigem Aufbau aber nicht vorkommen), hinsichtlich der Verletzungsmuster aber unabhängig von der Gurtwahl.

Deshalb reicht nach unseren Erfahrungen in allen anderen Fällen ein korrekt eingestellter und angepasster Hüftgurt mit seinen schon oft beschriebenen Vorteilen (mehr Bewegungsfreiheit, bessere Hängeposition etc.) in der Regel aus.

Trotzdem bleibt die Entscheidung bezüglich der Gurtwahl in der Verantwortung jedes einzelnen Anleiters.

Nähere Details bitten wir den im Text erwähnten Fachpublikationen zu entnehmen.

## 1.7   Helm

Auch die Frage, in welchen Spielen und Aktionen ein Helm aufgesetzt werden soll, ist nicht immer eindeutig zu beantworten. Grundsätzlich sollte bei allen hohen Aufbauten das Tragen eines Helms verpflichtend sein. Bei niederen Aufgaben hängt die Entscheidung pro oder contra von den Teilnehmern und deren Erfahrung, dem Untergrund und anderen Faktoren ab und muss deshalb dem Urteil des Leiters überlassen bleiben. Im Zweifel sollten Sie sich immer für den Helm entscheiden.

## 1.8   Seilführung bei redundanten Aufbauten

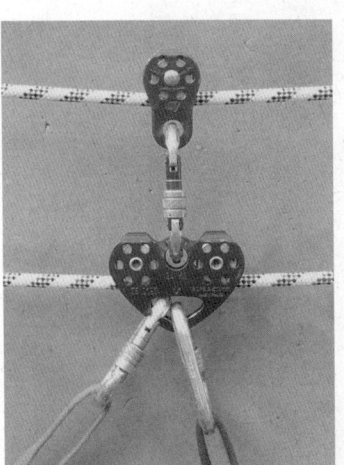

Es gibt mehrere Möglichkeiten der Seilführung in redundanten Systemen:

### 1. Seilführung übereinander mit Rollen

Diese Methode ist im Hinblick auf Handling und Seilreibung anderen Möglichkeiten überlegen. Die beiden Sicherungsseile werden übereinander im Abstand von ca. 10 – 15 cm geführt. In beide Seile werden mit einem Verschlusskarabiner[13] verbundene Rollen eingesetzt.

In die untere Rolle werden zwei Verschlusskarabiner gegenläufig eingehängt; zwei ungleich lange Bandschlingen stellen die Verbindung zum Anseilgurt her.

---

[13] Hier haben sich Verschlusskarabiner in ovaler Form bewährt, da diese sich in den Bohrungen der Rollen nicht so leicht verkanten können.

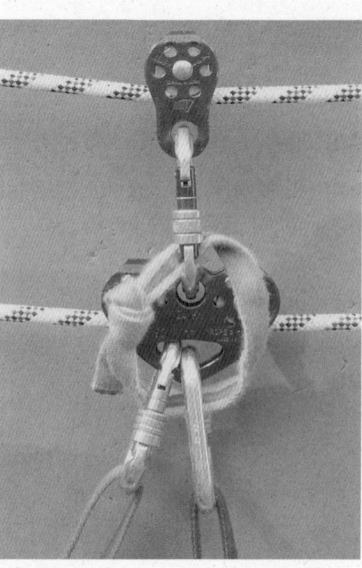

(*Hinweis:* Dieses Verfahren ist – genau betrachtet – nur teilredundant. Bricht die untere Rolle, fängt kein Backup-System diesen Verlust auf. Um eine volle Redundanz zu erreichen, kann z. B. eine kurze Bandschlinge zwischen den zentralen und die beiden unteren Karabiner geschaltet werden.)

Der Vorteil dieser Seilführung übereinander mit Rollen liegt in der geringen Seilreibung.

### 2. Seilführung übereinander mit Verschlusskarabinern

Die Sicherungseile werden übereinander im Abstand von ca. 10 – 15 cm geführt. In das obere Seil wird ein Verschlusskarabiner, in das untere Seil zwei Verschlusskarabiner gegenläufig eingehängt.

Der obere und die unteren Karabiner werden dann mit einem weiteren Verschluss-karabiner oder – aus der Sicht der Autoren noch geeigneter – mit einem Abseilachter verbunden. Dadurch wird die Gefahr einer Karabinerquerbelastung gebannt, da der Achter nicht quer hängen kann. Die unteren Karabiner werden dann mittels zweier ungleich langer Bandschlingen mit dem Anseilgurt verknüpft.

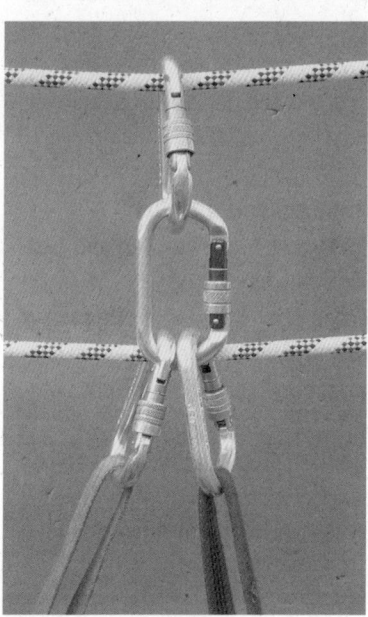

*Aufhängung mit Karabinern*

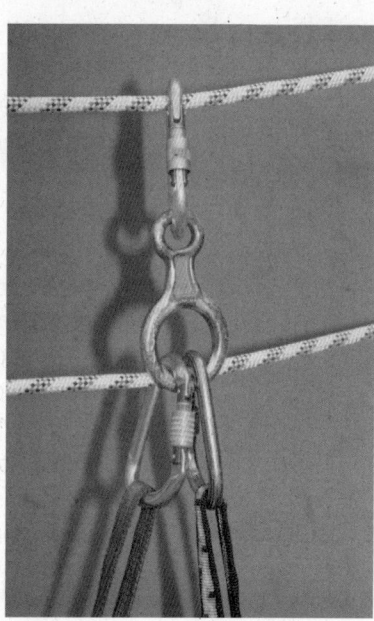

*Aufhängung mit zentralem Achter*

### 3. Doppelte Seilführung

Die Sicherungsseile werden ohne Abstand doppelt geführt. Die am Klettergurt befestigten ungleich langen Bandschlingen (oder gleichlang und abgeknotet) werden mit Verschlusskarabinern direkt in beide Seile gegenläufig eingehängt.

Der Vorteil liegt hier im geringeren Materialaufwand, Nachteile ergeben sich durch eine verstärkte Seilreibung und einem erschwerten Vorwärtskommen der Teilnehmer – und dem damit höheren Verschleiß.

*Hinweis:* Es ist vorteilhaft, die Verbindung Bandschlingen – Klettergurt mit Verschlusskarabinern herzustellen. Damit wird das Ein- und Aushängen wesentlich erleichtert. Die Befestigung der Bandschlingen in den Rollen muss mit Verschlusskarabinern erfolgen – nie mit Ankerstich! Letzteres kann bei Entlastung zu Schmelzverbrennungen durch Seilreibung führen.

*Jetzt werden Sie sich fragen:* Warum keine parallele Seilführung mit getrennt eingehängten Karabinern und wieso ungleich lange Bandschlingen?

Die ungleich langen Bandschlingen sollen eine Strangulation der an den Schlingen hängenden Person verhindern. Es ist sicher unwahrscheinlich, dass bei gleich langen Bandschlingen ein Teilnehmer den Kopf dazwischen kriegt und sich dann vielleicht noch dreht und stranguliert wird – aber ob Sie es glauben oder nicht – es ist schon passiert und deshalb sollen die Bandschlingen ungleich lang sein.

*So gerät der Kopf zwischen die Schlingen!*      *... und so sieht es dann aus!*

Diese Forderung nach ungleich langen Bandschlingen beinhaltet auch das Problem getrennt eingehängter Karabiner bei der parallelen Seilführung: Ein Seil wird stärker belastet als das andere. Dies kann dazu führen, dass die längere (redundante) Band-schlinge in den unteren Karabiner gezogen wird oder dass es zu Schmelzverbrennungen an der Bandschlinge durch Reibung am gespannten Seil kommt.

Bei horizontalen Aufbauten ist dies relativ unwahrscheinlich und auch nicht weiters bedrohlich – macht aber, wenn die blockierte Person sich nicht selbst befreien kann, u. U. eine geeignete Intervention notwendig.
Trotzdem kann eine parallele Seilführung – sei es mit Karabinern oder mit Rollen – sinn-voll sein. Dies trifft z. B. dann zu, wenn im Rahmen einer Begehung die Begegnung zweier Personen auf dem Seil (Hoher Gang oder Burma Brücke) vorgesehen ist. Wollen diese Personen aneinander vorbei, muss in einem Verfahren, bei der eine Sicherung immer gewährleistet ist, umgehängt werden. In dieser Situation ist die getrennte Aufhängung wegen der besseren Übersichtlichkeit vorteilhaft.

## 1.9  Der Teufel liegt im Detail…

### 1.9.1  Karabiner

Neueste Untersuchungen und einige haarsträubende Vorkommnisse haben gezeigt, dass selbst Verschlusskarabiner bei ungünstiger Belastung brechen können – und dies weit unter der angegeben Bruchlast und in zugeschraubten Zustand[14]. Wie ist das möglich?

Nun – allgemein halten Karabiner am meisten (mindestens den eingestanzten Wert), wenn alle Kräfte so nah wie möglich an der Hauptschenkelachse am Karabiner an-greifen. Es entsteht nur ein kleiner Hebel und dies ist optimal.

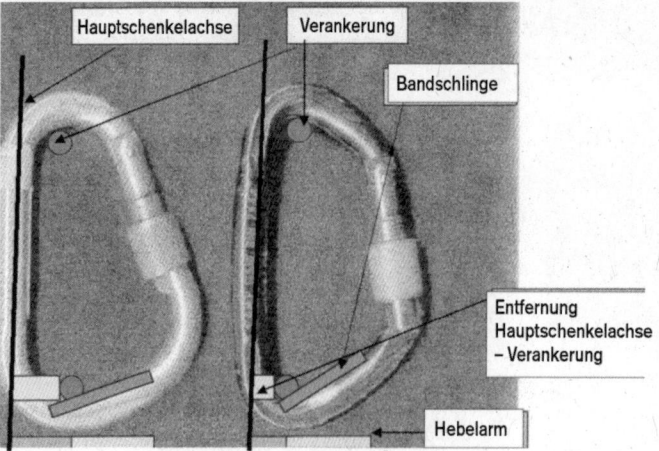

---
[14] Semmel, C. / Stopper, D. (2005) Schubert, P. (2004)

Aus der nebenstehenden Zeichnung ergibt sich allerdings, dass unterschiedliche Bauformen von Karabinern verschieden große Entfernungen zwischen Hauptschenkelachse und Verankerungs- bzw. Lastangriffspunkt verursachen. Beim HMS-Karabiner ist dies besonders auffällig: Der durch die Birnenform entstehende größere Hebelarm führt unter Last zu einer höheren Belastung des Schnappers, der Rastnase und der Verschlusssicherung.

Bei normalen Verschlusskarabinern in D-Form sieht dies besser aus: Hier greift die Last näher bei der Hauptschenkelachse an und die Hebelwirkung ist weit geringer. Deshalb sind diese Karabiner besonders für den Einsatz an den Anschlagpunkten geeignet.

Bei der Verwendung von Schlingenmaterial kann dieser Effekt noch verstärkt werden – je breiter und steifer die Schlinge, desto größer der Hebelarm.

Dies bedeutet, dass es mit Verschlusskarabinern bei „zweckentfremdeter" Verwendung (s. Abb. unten) möglicherweise ein Problem gibt. Insbesondere bei HMS-Karabinern hat sich dies in der Praxis bereits bestätigt: Vermeldet wurde ein Karabinerbruch ohne Folgen sowie ein Beinahe-Absturz eines Retters am Bergetau. Weitere Belastungsversuche ergaben Bruchwerte von unter sieben kN!! (Es ergibt sich eine Spreiz- und Sprengwirkung bei Zug, vergleichbar den Belastungen von Fels beim Klemmkeil)
Was bedeutet dies nun für die in diesem Buch beschriebenen Seilaufbauten?

*Prinzipiell vertreten wir folgende Auffassung:*
Grundsätzlich sollten – wo immer möglich – Verschlusskarabiner in D-Form den HMS-Karabinern vorgezogen werden.
Der HMS-Karabiner ist grundsätzlich für den HMS-Bremsknoten konzipiert worden – diese Karabiner können aber bei den beschriebenen Seilaufbauten weiterhin verwendet werden. Dabei ist sicherzustellen, dass die Karabiner optimal in der Hauptschenkelachse belastet werden und an Bäumen oder Felsen nicht anliegen. Insbesondere an Anschlagpunkten müssen die Karabiner frei in der mit Ankerstich am Baum befestigten genähten Bandschlinge hängen können. Zu kurze Schlingen müssen vermieden werden!

Eine Sicherheitsreserve stellt die bei hohen Seilaufbauten grundsätzlich redundante Bauweise dar – wenn ein Karabiner bricht, ist immer noch der andere da.

*So nicht!*

## 1.9.2 Belastung von gespannten Systemen

In Kapitel 1.4.6 haben wir schon darauf hingewiesen, dass bei der Aktion „Mohawk Walk" durchaus kritische Belastungen auftreten können. Wie ist dies möglich?

Zunächst einmal hängt die Belastung waagrecht gespannter Seile von der Vorspannung ab. Diese ist im Wesentlichen von der Zugmannschaft und der Wahl der Rücklaufsperre abhängig.

Zur **Zugmannschaft:** Jedem wird einleuchten, dass fünf hoch motivierte kanadische Holzfäller mehr Zugkraft als fünf wenig motivierte 14jährige Schüler aufbringen können. Wenn wir als Faustregel angeben, dass Sie nie mit mehr als fünf Personen ziehen sollen, so gehen wir von normalgewichtigen durchschnittlich kräftigen Menschen und nicht von Extremen aus.

Die Wahl der **Rücklaufsperre** ist deshalb wichtig, weil hier entschieden wird, wie viel Verlust an Spannung in Kauf genommen wird. Beim System HMS / Schleifknoten ist der Verlust immer größer als beim System Papillon / Wickelknoten.

Bei hohen Seilaufbauten wie zum Beispiel einer 30 Meter langen Seilbrücke hat die Wahl der Rücklaufsperre in aller Regel keine großen Auswirkungen – meist ist genug „Luft" nach unten vorhanden und selbst wenn die Vorspannung gering ist und die Brücke etwas durchhängt, führt dies noch nicht zu unliebsamem Bodenkontakt. Anders sieht die Sache allerdings bei niederen Aufbauten aus, bei denen z. B. auf einem Seil balanciert werden soll, dass unter Schritthöhe zwischen zwei Bäume gespannt wurde. Ist hier die Vorspannung zu gering, haben der oder die balancierenden Teilnehmer in der Mitte des Seils schnell Bodenkontakt (Was das Balancieren deutlich erleichtert, aber keinen großen Spaß mehr macht).

Nun ist natürlich klar, was passiert: Man holt sich fünf kanadische Holzfäller, lässt diese mit einem Expressflaschenzug und Papillonknoten ordentlich ziehen und sorgt anschließend für eine verlustfreie Fixierung mittels Wickelknoten an einem dicken Baum. Damit lassen sich durchaus Vorspannungen von bis zu sechs kN erreichen.

Nun ist die Belastung dieses Systems nicht nur von der Vorspannung abhängig, sondern auch von der Last, die die balancierenden Personen auf das Seil bringen. Feldversuche haben gezeigt, dass eine oder auch zwei normalgewichtige Personen auf einem mit knapp sechs kN vorgespannten Seil beeindruckende Belastungen erzeugen können – v. a. dann, wenn sie wippen. Knapp acht kN können da in der Spitze durchaus erreicht werden. Dies ist angesichts der Reißfestigkeit von neuen 11 mm Statikseilen immer noch tolerabel, auch ein wenig gebrauchtes Seil wird da nicht an seine Grenzen kommen.

Dies bedeutet für fast alle in diesem Buch vorgestellten Seilaufbauten Entwarnung – aber eben nur für fast alle. Es gibt eine Ausnahme: Den bereits weiter oben genannten „Mohawk Walk".

Bei dieser Aktion ist es durchaus möglich, dass fünf oder sechs Personen auf einem „kanadisch" vorgespannten Seil stehen. Was dann passiert, beschreibt eindrucksvoll die Dokumentation eines Feldversuches, bei dem sechs Personen (496 kg) ein auf 4,32 kN vorgespanntes etwa sieben Meter langes Statikseil belasteten:

*„Der Mastwurf zieht sich zu, Seil wird deutlich im Querschnitt flach gequetscht. Im oberen Bereich der Belastung geben Bandschlingen und Seilknoten deutlich knirschende und knackende Geräusche von sich. Man sieht und spürt förmlich die extrem hohe Belastung für das Material. Mehrfach wird geäußert, dass nun gefühlsmäßig wirklich nicht mehr Belastung dazukommen darf. Äußere Zeichen des Gefühls: Staunende Blicke, Seilfixierungen werden hintersichert. Nach dem Abbau lässt sich der Papillon-Knoten nur noch mit äußerster Mühe lösen. Mastwurf ist nicht mehr zu lösen, er muss mit einem Messer aufgeschnitten werden."* [15]
(Anmerkung: Am Anschlagpunkt wurde das Seil mit einem Mastwurf und nicht mit HMS / Schleifknoten fixiert)

---

[15] Kunigham (2004 und 2005)

In der Konsequenz ist bei stark vorgespannten und hoch belasteten Seilaufbauten wie dem Mohawk-Walk also Vorsicht geboten – vor allem dann, wenn ältere Seile verwandt werden, die keine ausreichenden Sicherheitsreserven mehr besitzen. Ein Spielseil würde dies wahrscheinlich nicht überstehen …

*Bitte nicht wippen …*

# 2 Spiele mit dem Seil

# Im Seilgarten

| | |
|---|---|
| Material: | Spielseile mit insgesamt ca. 50–60 m Länge, Augenbinden, einige Karabiner und Schlingen |
| Zeitbedarf: | Ca. 40 min |
| Altersgruppe: | Ab 6 Jahren |
| Gruppengröße: | 3–15 Personen |
| Gelände: | Unterschiedlicher Untergrund (am Bach, Waldrand, Wiese) |

**Spielbeschreibung:** Das Spiel eignet sich gut als Einstieg in Naturerfahrungsspiele.

Der Spielleiter sucht ein geeignetes Gelände mit kontrastreichem Untergrund und abwechslungsreicher Umgebung. Mit dem Spielseil, das in wechselnder Höhe durch das Gelände führt und mit Schlingen und Karabinern an Bäumen oder anderen Fixpunkten wie ein Geländerseil befestigt werden kann, wird der Wegverlauf festgelegt.

Die Teilnehmer werden schweigend mit verbunden Augen und in größeren Abständen in den Parcours geschickt. Dabei soll das Seil als Leitlinie aus Sicherheitsgründen nicht verlassen werden. Stellen, an denen Besonderheiten ertastet werden können (Baumstumpf, Stein o. Ä.), werden mit einem Knoten im Seil gekennzeichnet.

Der Reiz des Spiels wird erhöht, wenn die Teilnehmer den Weg vorher nicht einsehen können.

Es sollte allen Teilnehmern die Möglichkeit gegeben werden, die Strecke nach der blinden Begehung noch einmal sehend abgehen zu können.

**Variationen:**
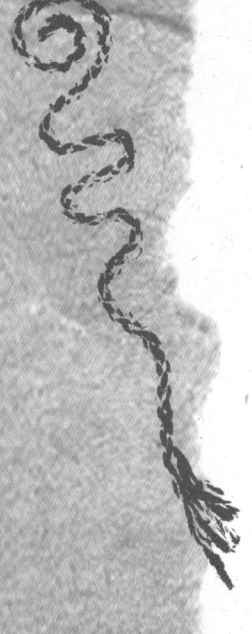

- Die Strecke kann barfuss abgegangen werden.
- An einigen Stellen kann man zusätzlich kleine Tüten befestigen, deren Inhalt durch Riechen und Tasten erkundet werden soll (z. B. Pfefferminzblätter o. Ä.).

**Sicherheitshinweise:** Da die Teilnehmer blind sind, müssen alle verletzungsträchtigen Gegenstände entfernt oder umgangen werden!! Vorsicht vor tief hängenden Ästen im Wald!

# Labyrinth

| | |
|---|---|
| Material: | Etwa 5–7 Spielseile, Karabiner, Schlingen, Reepschnüre, Augenbinden, für die Varianten: evtl. Zeichenmaterial, „Schätze" |
| Zeitbedarf: | 45–90 min |
| Altersgruppe: | Ab 8 Jahren |
| Gruppengröße: | 8–20 Personen |
| Gelände: | Ebenes Waldgelände, möglichst ohne Unterholz |

| | |
|---|---|
| Spielbeschreibung: | Der Spielleiter baut (mit Helfern) ein Labyrinth im Wald auf, in dem die Seile in ca. 80–100 cm Höhe angebracht werden. Im Labyrinth sollten enge Durchschlupfe, aber auch größere Säle – ähnlich einer Höhle – existieren. Die Begrenzungen (Seile) dürfen nicht über- oder unterschritten werden. Die Gruppe wird blind in das Labyrinth geführt und muss nun wieder gemeinsam hinaus finden. Spieler, die den Ausgang entdeckt haben, erhalten vom Spielleiter ein Zeichen. Sie können stumm die „Suchenden" im Labyrinth beobachten oder blind bleiben und den anderen helfen, den Ausgang zu finden. |

Dieses Spiel eignet sich hervorragend zur Vorbereitung auf eine Höhlentour mit der Gruppe.

| | |
|---|---|
| Variationen: | • Zusätzlich zum Ausgang muss die Gruppe noch Gegenstände (Schätze, Müll) finden und aus dem Labyrinth bergen.<br>• Die Gruppe wird blind zum Eingang des Labyrinths = Höhle geführt und erhält die Aufgabe, eine Karte der Höhle zeichnen. Die Teilnehmer dürfen beliebig oft in die Höhle hinein- und hinausgehen. An einem festgelegten Ort außer Sichtweite der Höhle können die Augenbinden abgenommen und die Karte gezeichnet werden. |

| | |
|---|---|
| Sicherheitshinweis: | Beim Aufbau auf tief hängende Äste und Zweige achten! |

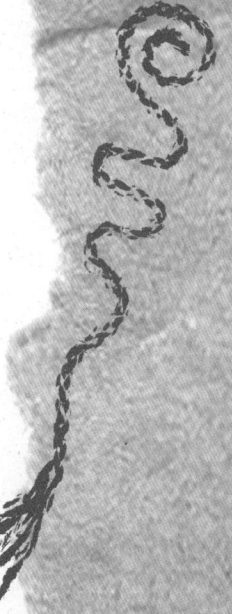

# Fuchs und Hase

| | |
|---|---|
| Material: | Spielseile ca. 50 – 60 m, Augenbinden |
| Zeitbedarf: | Ca. 30 min |
| Altersgruppe: | Ab 6 Jahren |
| Gruppengröße: | 10 – 20 Personen |
| Gelände: | Überall, auch „indoor" |

Spielbeschreibung: Zwei bis drei Teilnehmer sind Füchse, der Rest Hasen. Ein Areal von ca. 15 x 15 m wird mit einem in Hüfthöhe angebrachten Seil gut abgegrenzt. Als Fixpunkte eignen sich Bäume, Pfosten, o. Ä. Alle Teilnehmer haben verbundene Augen und strecken die Hände beim Herumirren in dem abgesteckten Areal nach vorne. Treffen zwei Personen aufeinander, flüstern sie sich ins Ohr, zu welcher Tierart sie gehören. Begegnen sich nun zwei Hasen, passiert nichts. Trifft ein Fuchs einen Hasen, wird der Hase zum Fuchs. Treffen sich zwei Füchse, werden beide zu Hasen. Etwa alle fünf bis sieben Minuten sollte die Anzahl der Füchse und Hasen abgezählt und notiert werden.

Man wird feststellen, dass weder Füchse noch Hasen aussterben, sondern immer im Gleichgewicht bleiben.

Variationen:  –

Sicherheitshinweis: Im Freien sollten Sie auf einen ebenen Untergrund achten.

# Ein Fuß im Kreis

Material: Kurzes Spielseil
Zeitbedarf: 20 min
Altersgruppe: Ab 12 Jahren
Gruppengröße: 5 – 15 Personen
Gelände: Überall

Spielbeschreibung: Mit dem Seil wird ein kleiner Kreis auf dem Boden ausgelegt (Bei 15 Teilnehmern im Durchmesser von einem Meter, bei weniger Personen entsprechend kleiner). Nun müssen alle Teilnehmer mit einem Fuß im Kreis zusammenkommen. Es ist nur das Stehen auf einem Fuß erlaubt.

Dies ist ein relativ einfaches Spiel, um Zusammenarbeit zu üben. Man muss halten, aber auch gehalten werden.

Das Spiel eignet sich sehr gut als Warming-up für größere Spielsequenzen, da die Teilnehmer auf engem Raum zusammenkommen und Berührungsängste abgebaut werden können.

Variationen: Falls die ersten Versuche sehr gut funktionieren, kann der Seilkreis immer kleiner gemacht werden. Bei welchem Kreisumfang können noch alle Teilnehmer mindestens zehn Sekunden im Kreis stehen bleiben?

Sicherheitshinweise: –

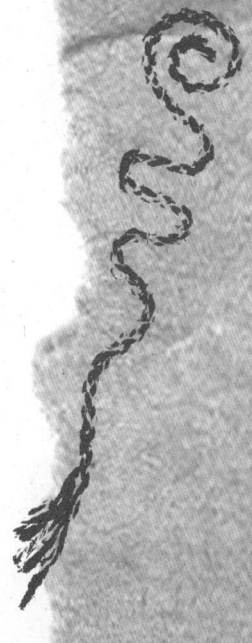

# Jurtenkreis

| | |
|---|---|
| Material: | Ein Spielseil mit ca. 50–60 m Länge |
| Zeitbedarf: | 15–20 min |
| Altersgruppe: | Ab 12 Jahren |
| Gruppengröße: | 8–20 Personen (gerade Teilnehmerzahl notwendig!) |
| Gelände: | Größerer Raum, Turnhalle oder im Freien |

**Spielbeschreibung:** *Vorübung:* Die Gruppe stellt sich in einem Kreis auf und zählt nach „Eins" – „Zwei" – „Eins" – „Zwei" usw. ab. Die Teilnehmer nehmen einen stabilen Stand ein und geben sich fest die Hände. Auf Kommando lassen sich alle Einser nach vorne fallen, alle Zweier nach hinten. Von oben betrachtet entsteht eine Zick-Zack-Kreislinie. Beim nächsten Kommando lassen sich alle Einser nach hinten und alle Zweier nach vorne fallen. Nach mehrmaligen Kommandos kann die Gruppe versuchen, dynamisch in beide Positionen zu fallen.

*Mit dem Seil:* Die Gruppe zählt wie oben ab. Der Spielleiter legt das Spielseil zu Füßen der Teilnehmer aus und verknotet die beiden Enden. Alle Personen nehmen einen stabilen Stand ein und fassen das Seil in Brusthöhe. Auf Kommando lassen sich nun wie bei der Vorübung alle Einser vorsichtig nach vorne fallen, alle Zweier nach hinten – allerdings ohne sich die Hände zu geben. Weiter wie oben.

**Variationen:**

- Die Gruppenmitglieder setzen sich mit gestreckten Beinen in Richtung Seil auf den Boden und fassen das Seil mit beiden Händen. Nur durch den Zug des Seils unterstützt, stehen alle Teilnehmer auf und setzen sich anschließend gemeinsam wieder auf den Boden.
- Beide Varianten fordern von allen Teilnehmern ein hohes Maß an Konzentration auf die Gruppe und fördern ein starkes Gruppengefühl. Spannend wird die Übung, wenn die Kommandos des Spielleiters wegfallen und die Bewegung in der Gruppe erspürt wird.
- Guter Einstieg ein andere Seilspiele!

**Sicherheitshinweise:** –

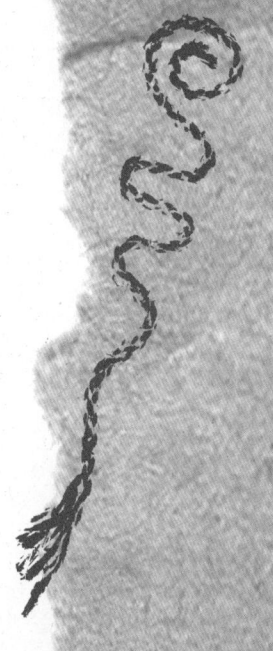

# Bola

| | |
|---|---|
| Material: | Ein Spielseil |
| Zeitbedarf: | 20 min |
| Altersgruppe: | Ab 6 Jahren |
| Gruppengröße: | Ab 8 Personen |
| Gelände: | Wiese, auch indoor |

Spielbeschreibung: Die Bola ist eigentlich ein Fanggerät der argentinischen Gauchos. Der Spielleiter nimmt das Seil und knüpft in ein Ende einen sehr großen Knoten (mehrere ineinander verwobene Sackstichschlingen). Die Gruppe stellt sich im Kreis um den Spielleiter auf, der nun langsam beginnt, das Seil knapp über dem Boden im Kreis zu schwingen. Er gibt Seil nach, so dass die Teilnehmer hochspringen müssen, wenn das Seil unter ihren Füßen hindurchflitzt.

Variationen: –

Sicherheitshinweis: Seilschwingen in Kopfhöhe ist nur mit Vollschutz-Integralhelm erlaubt!! Vielleicht kann man beim nächsten Eishockeyverein die Schutzausrüstung ausleihen?

*Das ist natürlich nicht ganz ernst gemeint …*

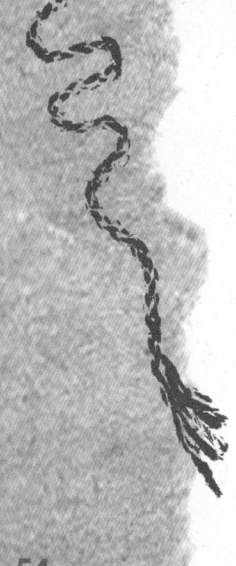

# Seilschwingen

| | |
|---|---|
| Material: | 8–12 Hüpfseile, oder Reepschnüre (6–8 mm) à 5 m oder ein längeres Spielseil |
| Zeitbedarf: | Ca. 30 min |
| Altersgruppe: | Ab 8 Jahren |
| Gruppengröße: | 12–30 Personen |
| Gelände: | Wiese oder Turnhalle |

**Spielbeschreibung:** Aus jeweils zwei bis drei Hüpfseilen werden vier längere Seile geknüpft, die von je zwei Teilnehmern gehalten werden. Diese Paare stellen sich nun im Quadrat auf, die restlichen Spieler halten sich innerhalb des Quadrates auf. Ziel des Spiels ist, dass alle Teilnehmer (auch die „Seilschwinger") das Quadrat über die Seile verlassen. Dies bedeutet, dass die Seilschwinger wechseln müssen. Wird ein Seil durch irgendwelche Fehler gestoppt, müssen alle Gruppenmitglieder zurück ins Quadrat. Je nach Gruppengröße kann ein Zeitlimit vom Leiter oder von der Gruppe selbst vorgegeben werden, damit sich die Teilnehmer eine Strategie überlegen, wie sie die Aufgabe möglichst schnell erfüllen können.

Ein „altes" Konkurrenzspiel – das einige vielleicht aus der Schule kennen – ändert sich durch Regelmodifikation zum Initiativ- und Problemlösespiel.

**Variationen:**

- Alle Teilnehmer müssen über eine Seite nach draußen gelangen.
- Alle Teilnehmer müssen mindestens einmal über das Seil hüpfen, bevor sie weiter laufen.
- Die Gruppe muss je nach Gruppengröße eine bestimmte Gesamtzahl an Sprüngen erreichen.
- Springen im Liegestütz.
- Springen mit einem eigenen Hüpfseil, über das man gleichzeitig springt.
- Zwei Kleingruppen erhalten ein Zeitlimit oder versuchen, innerhalb einer bestimmten Zeit durch die Seile zu gelangen – eventuell mit Zusatzaufgaben.
- Die Gruppe muss durch das schwingende Seil gelangen, wobei pro Umdrehung nur ein Teilnehmer zugelassen ist. Wird eine Umdrehung ausgelassen oder das Seil blockiert, beginnt die gesamte Gruppe neu.

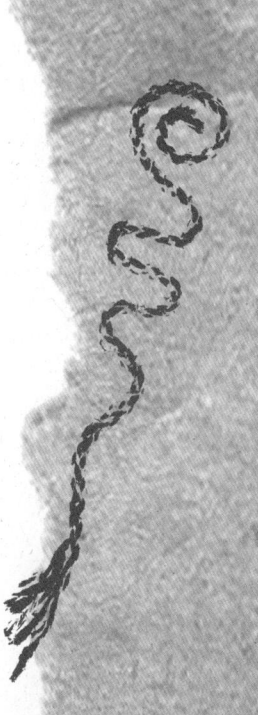

# Rattenschwanz

| | |
|---|---|
| Material: | Halb so viele etwa 3 m lange Seilstücke wie Teilnehmer, halb so viele Karabiner wie Teilnehmer |
| Zeitbedarf: | Hängt von der Kondition der Katzen und Ratten ab |
| Altersgruppe: | Ab 10 Jahren |
| Gruppengröße: | Mindestens 10 Personen |
| Gelände: | Wiesengelände ohne große Unebenheiten, Sportplatz |

Spielbeschreibung: Dieses Spiel ist ein „Aufwecker" – ein Bewegungsspiel, das Spaß macht und durchhängende Gruppen aufmuntert.

Die eine Hälfte der Teilnehmer bindet sich ein Seilstück um die Taille. Ein Ende hängt am Rücken bis etwa in Höhe der Kniekehlen herab; in dieses Ende ist eine offene Schlaufe geknüpft. Dieses Seilstück ist der Rattenschwanz und die so ausstaffierten Teilnehmer sind demzufolge die Ratten. Die andere Hälfte der Teilnehmer nimmt je einen Schnappkarabiner in die Hand – sie sind die Katzen.

Aufgabe der Katzen ist es nun, in einem definierten Spielfeld die Ratten zu fangen. Dies ist nur möglich, wenn der Karabiner in die Schlaufe des Rattenschwanzes eingeklinkt wird. Dabei dürfen die Katzen nicht am Schwanz ziehen oder die Ratte am Schwanz festhalten – sobald Zug am Schwanz entsteht, muss die Ratte wieder losgelassen werden.

Die Ratten ihrerseits dürfen ihren Schwanz nicht in die Hand nehmen. (Ha, Ha ...) Sie können nur wegrennen und mit ihrem Rattenhintern wackeln, um das Einklinken des Karabiners zu erschweren. Verlassen die Ratten das Spielfeld, sind sie gelähmt und der Karabiner kann ohne Probleme eingeklinkt werden.

Variationen:
• Wenn alle Ratten gefangen sind, werden die Rollen getauscht.
• Wenn an einige Personen zwei Karabiner ausgegeben werden, lässt sich die Dauer des Spiels verkürzen. Dies kann vor allem bei jüngeren Teilnehmern sinnvoll sein.

Sicherheitshinweis: Das Spielgelände sollte wegen der wilden Jagd keine zu großen Unebenheiten aufweisen.

# Der wilde Stier

**Material:** Ein etwa 15 – 20 m langes Spielseil

**Zeitbedarf:** Hängt von den Stieren ab

**Altersgruppe:** Ab 9 Jahren

**Gruppengröße:** 10 – 20 Personen

**Gelände:** Wiesengelände ohne große Unebenheiten

**Spielbeschreibung:** Alle Teilnehmer stehen im Kreis und halten ein Seil in den Händen. Der Abstand zwischen den einzelnen Personen sollte ca. ein bis zwei Meter betragen. Eine Person (der wilde Stier) steht in der Mitte der Arena (dem Seilkreis).

Wie bei einem echten Stierkampf greift der wilde Stier an und versucht, eine der am Seil befindlichen Hände der Gruppenmitglieder abzuschlagen. Diese wollen nicht getroffen werden und lassen das Seil natürlich los, müssen allerdings verhindern, dass es auf den Boden fällt.

Fällt das Seil auf den Boden, muss die am nächsten stehende Person mit dem Stier tauschen. Gleiches geschieht natürlich, wenn der Stier eine Hand trifft.

Der Erfolg des Stiers hängt stark von seiner Schlauheit und Schnelligkeit ab. Je wilder er herum rennt, desto eher fällt das Seil auf den Boden. Die Personen im Kreis müssen kooperieren, um das Seil sofort nach dem Loslassen wieder greifen zu können, ohne das der Stier eine Hand trifft.

Manchmal ist der Stier am Ende – die Zunge hängt heraus und er pumpt wie Reinhold Messner am Everest. Falls die Gruppe ihn nicht erlöst, sollte dies der Spielleiter tun – vielleicht steigt er selbst in den Ring?

**Variationen:** Trifft der Stier eine Hand, so darf diese Hand nicht mehr zum Festhalten benutzt werden. Somit wird die Zahl der festhaltenden Hände immer geringer – und irgendwann fällt das Seil zu Boden.

**Sicherheitshinweis:** Das Spielgelände sollte keine zu großen Unebenheiten aufweisen. In lichtem Wald muss auf tiefe Äste geachtet werden.

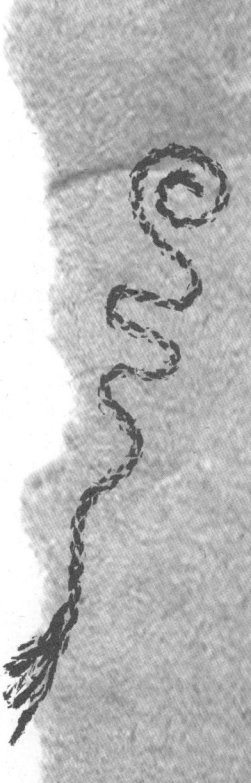

# Nachtjäger

| | |
|---|---|
| **Material:** | 3 – 4 Spielseile, Reepschnüre, Karabiner, Taschenlampen und andere Signalgegenstände |
| **Zeitbedarf:** | Ca. 40 min |
| **Altersgruppe:** | Ab 6 Jahren |
| **Gruppengröße:** | Ab 8 Personen |
| **Gelände:** | Überall draußen, am besten lichter Wald oder strukturiertes Gelände |

**Spielbeschreibung:** Der Spielleiter steckt bei Tage ein ca. 50 x 50 m großes Areal (bei Kindern kleiner wählen) mit den Seilen ab. Die Gruppe wird in zwei bis drei Beutegreifer und die Beute aufgeteilt. Die Beutetiere verstecken sich bei Anbruch der Dämmerung im Gelände und müssen ab Spielbeginn in der Dunkelheit alle 30 – 45 Sekunden ein Signal mit Taschenlampe, Pfiff, Rassel, o. Ä. geben. Die Beutetiere dürfen natürlich ihre Verstecke auch verlassen. Wenn alle Beutetiere gefangen sind, können die Rollen getauscht werden.

**Variationen:** –

**Sicherheitshinweise:**
- Bei der Auswahl des Spielfeldes sollten Sie auf Stolperquellen oder tief hängende Äste im Spielfeld achten und diese entschärfen.
- Bei kleinen Kindern sollte außerhalb des Spielfeldes eine Lampe / Lichtquelle als Orientierungspunkt sichtbar sein, falls die Angst übermächtig wird und um jederzeit einen Anhaltspunkt für den Rückzug zu haben.

# Der Klumpen

| | |
|---|---|
| Material: | Ein etwa 15 – 20 m langes Spielseil |
| Zeitbedarf: | 20 – 30 min |
| Altersgruppe: | Ab 9 Jahren |
| Gruppengröße: | 10 – 20 Personen |
| Gelände: | Wiesengelände ohne große Unebenheiten |

Spielbeschreibung:
Bei diesem Spiel geht es um Kommunikation (die Vereinbarung einer Strategie) und Kooperation.

Die Teilnehmer – es sollten mindestens zehn Personen sein – werden auf einem Fleck klumpenförmig dicht zusammengestellt. Danach wird das Spielseil vom Spielleiter in mehreren Windungen in Bauchhöhe um die gesamte Gruppe geschlungen und verknotet.

Die Gruppe erhält die Aufgabe, sich als Klumpen über eine definierte Wegstrecke zu bewegen.

Die grundsätzliche Schwierigkeit liegt darin, sich in der Gruppe auf eine gemeinsame Strategie der Fortbewegung zu einigen. Vorne und hinten muss definiert werden und alle Teilnehmer müssen sich im Klumpen entsprechend ordnen. Beim Loslaufen können durchaus Mitglieder der Gruppe „unter die Räder" kommen oder eingeklemmt werden. In diesem Fall ist eine Intervention des Spielleiters notwendig (Stopp-Regel).

Variationen:
- Die Schwierigkeit lässt sich über die Länge und Zustand der Wegstrecke steuern.
- Blind laufen (nur bei älteren und erfahrenen Teilnehmern).
- Zunächst sind alle Personen blind. Die Gruppe muss sich dann auf eine Person verständigen, diese wird dann sehend und leitet die Gruppe an (Einübung von kommunikatorischen Fähigkeiten).

Sicherheitshinweise:
- Das Spielgelände sollte keine zu großen Unebenheiten aufweisen. In lichtem Wald muss auf tiefe Äste geachtet werden.
- Je dicker das Seil und je mehr Windungen um die Gruppe herum geschlungen werden, desto besser – ein einzelner dünner Strick schneidet stark ein und kann für die am Rand des Klumpens Stehenden schmerzhaft sein.
- Hektik oder Wettkampfverhalten sollte, um Verletzungen zu vermeiden, möglichst unterbunden werden

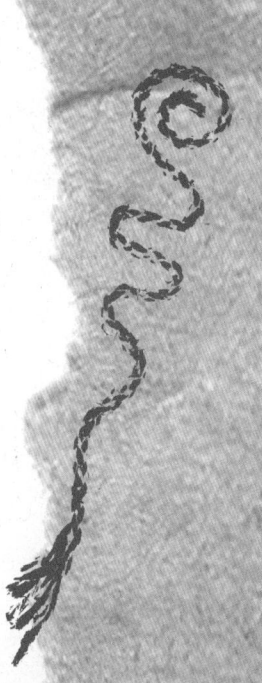

# Zwei Könige

| | |
|---|---|
| Material: | Zwei Baumstümpfe, leere Holz- oder Bierkisten, ein Seilstück oder Tau |
| Zeitbedarf: | 15 min. |
| Altersgruppe: | Ab 5 Jahren |
| Gruppengröße: | Egal |
| Gelände: | Eben, auch indoor |

Spielbeschreibung: Die zwei Baumstümpfe oder umgedrehten Kisten werden ca. drei Meter von einander entfernt aufgestellt. Je ein Teilnehmer stellt sich auf den Baumstumpf und nimmt das Seil in die Hände, das etwa sechs Meter länger als der Abstand der beiden Personen sein sollte. Ziel ist es nun, den Spielpartner von seinem Baumstumpf herunterzuziehen oder durch geschicktes Seilnachgeben aus dem Gleichgewicht zu bringen.

Ein lustiges Spiel !!

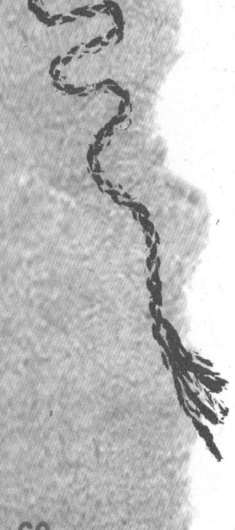

Variationen:
- Schwieriger und witziger wird das Spiel, wenn die Standfläche der Teilnehmer kleiner wird. Tipp: umgedrehte Koch- oder Blumentöpfe!
- Eine interessante Variante ist die Kombination von drei oder vier Personen, die mit Y- oder X-förmigem Seil ziehen!

Sicherheitshinweise:
- Achten Sie auf ebenen Untergrund.
- Wählen Sie die Standflächen nicht zu hoch, sonst müssen Sie mit Seilsicherung arbeiten!

# Blinder Mathematiker

| | |
|---|---|
| Material: | Ein etwa 20 m langes Spielseil, Augenbinden |
| Zeitbedarf: | 30 min |
| Altersgruppe: | Ab 12 Jahren |
| Gruppengröße: | 10 – 15 Personen |
| Gelände: | Wiesengelände ohne große Unebenheiten; auch indoor |

Spielbeschreibung: Mathematik gehört vor allem in der Schule zu den eher ungeliebten Fächern – aber hier geht es um angewandte Mathematik und das macht entschieden mehr Spaß.

Das Spielseil wird zu einem großen Ring zusammengeknotet und auf dem Gelände ausgelegt. Alle Teilnehmer stellen sich im Kreis um das Seil auf und verbinden ihre Augen; danach nehmen alle das Seil in die Hände.

Aufgabe der Gruppe ist es nun, sich mit dem Seil im Quadrat (Rechteck, Dreieck o. Ä.) aufzustellen. Dabei darf das Seil nicht losgelassen werden. Die geometrische Form sollte so genau wie möglich dargestellt werden.

Die Gruppe bestimmt, zu welchem Zeitpunkt die Aufgabe erfüllt ist.

Variationen: In zwei Gruppen mit zwei Seilen verschachtelte Formen bilden.

Sicherheitshinweise: –

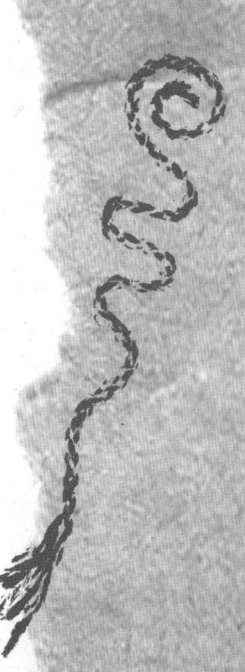

# Spinnennetz

| | |
|---|---|
| Material: | Ein etwa 15 – 20 m langes Spielseil und diverse Reepschnüre |
| Zeitbedarf: | 30 min |
| Altersgruppe: | Ab 9 Jahren |
| Gruppengröße: | 10 – 15 Personen |
| Gelände: | Wald- oder Wiesengelände ohne große Unebenheiten, zwei Bäume oder Stangen, die etwa 8 – 10 m Abstand aufweisen |

Spielbeschreibung: Bei diesem Spiel geht es darum, ein aus dem Spielseil und den Reepschnüren produziertes Spinnennetz zu durchdringen. Es ist untersagt, unter dem Netz durchzukriechen oder sich rechts oder links daran vorbeizumogeln. Leider sind die Spinnenbewohner alles andere als freundlich – Berührungen des Netzes werden mit schmerzhaften Bissen (das macht der Spielleiter) und dem Zurückschicken der gesamten Gruppe bestraft. Jedes Loch im Spinnennetz darf nur einmal passiert werden, danach ist es geschlossen und kann nur durch das Zurückkehren auf gleichem Wege wieder geöffnet werden.

Das Netz wird vom Spielleiter am besten zwischen zwei Bäumen aufgebaut: Das Spielseil bildet die obere und untere Begrenzung und die Reepschnüre werden in das so entstandene Feld eingewoben (Das ist eine gute Gelegenheit, gesteckte Mastwürfe zu üben!). Die Anzahl der Löcher richtet sich nach der Anzahl der Teilnehmer.

Die Schwierigkeit kann über die Größe der Löcher und die Höhe der unteren Begrenzung geregelt werden. Ist letztere knapp über Schritthöhe, wird es schwierig.

Bei diesem Spiel ist es für die Gruppe wichtig, eine gute Strategie zu entwickeln. Sind die Löcher weit oben, wird auch viel Vertrauen in die Gruppenmitglieder verlangt.

| | |
|---|---|
| Variationen: | Die ganze Aktion läuft schweigend ab. |
| Sicherheitshinweise: | Bei Transporten durch hohe Löcher muss der Spielleiter darauf achten, dass mit ausreichender Konzentration gearbeitet wird, um „Abstürze" zu verhindern. Hohe Löcher im Netz sollten immer mit dem Rücken zum Boden passiert werden, um Gesichts- und Kehlkopfverletzungen bei „Durchrutschern" weitgehend zu vermeiden. |

Diese durchaus vorhandene Gefahr kann minimiert werden, wenn man die obere und untere Begrenzung aus einem Gummiseil (Zauberschnur) herstellt. Im Falle eines Absturzes gibt so der gesamte Aufbau nach und es kann kaum zu Verletzungen kommen.

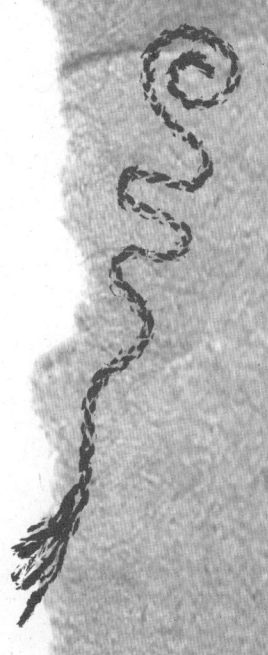

# Der Seilknoten

Material: Ein etwa 25 m langes Spielseil
Zeitbedarf: 30 min
Altersgruppe: Ab 13 Jahren
Gruppengröße: 10–15 Personen
Gelände: Wiesengelände ohne große Unebenheiten; auch indoor

Spielbeschreibung: Ziel des Spiels ist es, einen Knoten, der vorher vom Spielleiter oder einem Gruppenmitglied in ein Demonstrationsseil geknüpft wurde, nun mit der gesamten Gruppe an einer vom Spielleiter definierten Stelle „nachzubauen". Dabei darf aber das Spielseil nicht losgelassen werden. Die ganze Gruppe muss nun eine Strategie entwickeln, damit im Ergebnis der vorgegebene Knoten entsteht. Bei einfachen Knoten (einfacher Sackstich) dauert das Ganze natürlich nicht so lange.

Je schwieriger der Knoten, desto länger wird die Gruppe brauchen.

Variationen:
- Die ganze Aktion läuft schweigend ab.
- Die Hände dürfen auf dem Seil nicht verschoben werden.
- Gute oder geübte Gruppen können das Spiel auch blind versuchen – dann sollten aber alle Teilnehmer die betreffenden Knoten kennen.
- Eine Ende des Seiles ist an einem Baum festgebunden. Der Knoten muss in das Seil in Baumnähe (innerhalb des ersten Meters) geknüpft werden.
- Die Zahl der Knoten wird erhöht, z. B. ein Knoten pro Teilnehmer.
- Die gesamte Aktion kann auch rückwärts ausgeführt werden, d. h. der oder die Knoten müssen anschließend wieder aus dem Seil entfernt werden.

Sicherheitshinweis: Falls Personen durch Seilschlingen steigen, darf nicht ruckartig durch andere Teilnehmer am Seil gezogen werden.

# Elektrischer Draht

**Material:** Ein etwa 10 m langes Spielseil

**Zeitbedarf:** 30 min

**Altersgruppe:** Ab 13 Jahren

**Gruppengröße:** 10 – 15 Personen

**Gelände:** Wiesengelände ohne große Unebenheiten; auch indoor

**Spielbeschreibung:** Bei diesem Spiel geht es vor allem um Kooperation und Konzentration.

Zur Spielvorbereitung befestigt der Spielleiter das Seil an einem Baum, Pfosten o. Ä. und spannt es horizontal, indem er sich das andere Ende um die Hüften schlingt. Die Höhe richtet sich nach der Größe der Teilnehmer – angebracht sind zehn cm über Schritthöhe.

Die Gruppe erhält nun die Aufgabe, das Seil zu überqueren. Dabei muss ein körperlicher Kontakt aller Gruppenmitglieder unter-einander hergestellt werden, der während der ganzen Aktion bei-behalten werden muss (z. B. eine lange Schlange). Wie und in welcher Form dieser Kontakt erfolgt, bleibt der Gruppe überlassen.

Das Seil darf nicht umgangen werden und es dürfen sich keine Körperteile oder sonstige Hilfsmittel in Falllinie unter dem elektri-schen Draht befinden – der natürlich auch keinesfalls berührt wer-den darf.

Wichtig ist – und das ist auch die Crux – dass der Kontakt auch bei der Seilüberquerung nicht abreißt. Geschieht dies trotzdem, muss die Gruppe in die Ausgangsposition zurück. Gleiches gilt bei Berührung des Seils.

Die Aufgabe ist gelöst, wenn die gesamte Gruppe unter Aufrecht-erhaltung des Körperkontaktes das Seil überquert hat.

**Variationen:** Die ganze Aktion läuft schweigend ab.

**Sicherheitshinweis:** Der Spielleiter muss unbedingt darauf achten, dass das Seil nur an einer Seite fixiert ist. Wird das Seil an beiden Seiten mit Knoten befestigt, können durch Hängen bleiben im Seil üble Stürze ver-ursacht werden. Fällt ein Gruppenmitglied ins Seil oder bleibt bei der Überquerung hängen, muss der Spielleiter das Seil sofort nach-geben können. Dies wird durch eine flexible Befestigung des Seils um die Hüften (ohne Knoten!) erreicht. (vgl. S. 104 Bild oben)

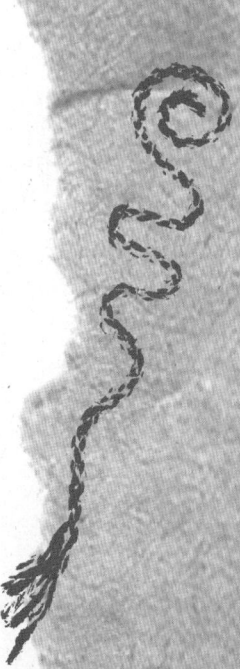

# Das laufende A

| | |
|---|---|
| Material: | 2 Balken 8 x 8 cm, Länge 250 – 300 cm |
| | 1 Balken 8 x 8 cm, Länge 200 cm |
| | 3 Schrauben 8 x 20 mm mit Muttern und Beilagscheiben |
| | Augenbinden |
| | 3 – 4 Spielseilstücke 11 mm, 6 m |
| Zeitbedarf: | Ca. 45 min |
| Altersgruppe: | Ab 12 Jahren |
| Gruppengröße: | 5 – 15 Personen |
| Gelände: | Wiese, Sportplatz |

**Spielbeschreibung:** Zur Spielvorbereitung wird aus Balken ein „A" entsprechend der Konstruktionszeichnung unten gebaut. Die Seilstücke werden am oberen Ende des A festgebunden.

Das Laufende A soll nun durch eine Person, die in dem „A" steht, von X nach Y bewegt werden. Dabei darf die Person im „A" nicht den Boden berühren und auch das „A" darf nie mit mehr als zwei Punkten Bodenkontakt haben. Hilfe bei diesem schwierigen Unterfangen geben drei oder vier Teilnehmer an den drei Steuerseilen, die in geschickter Kooperation untereinander und mit der „A"-Person das Gerät bewegen können. Dabei darf das „A" von den Steuerleuten nicht berührt werden und kein Seil darf auf den Boden fallen.

**Variationen:** Den Transporteuren werden die Augen verbunden, einzig der Spieler auf dem A kann sehen und muss nun die Transporteure lenken und dirigieren.

Bei mehr als vier Teilnehmern empfiehlt es sich, ohne Augenbinden zu arbeiten. Auf ein Signal des Spielleiters können so die Steuerleute ausgetauscht und mehr Personen einbezogen werden.

**Sicherheitshinweise:** –

**Konstruktion „A":**

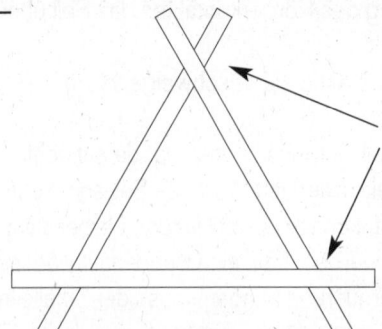

An den überschneidenen Punkten Löcher bohren (Ø 8 mm = und Schrauben fixieren

# Balltransport

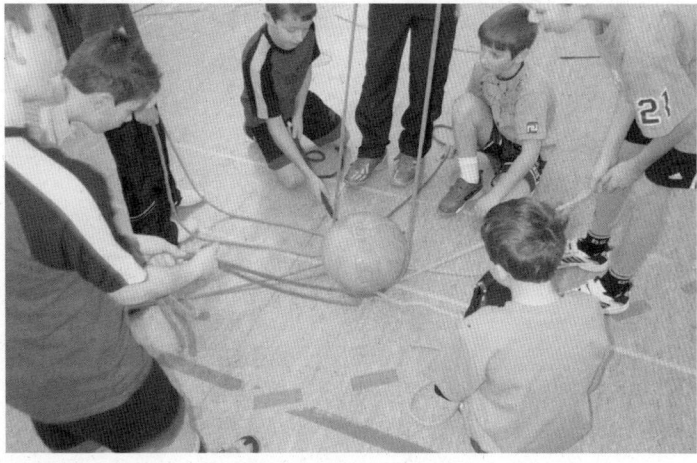

| | |
|---|---|
| Material: | Pro Teilnehmer ein Spielseilstück (6 – 8 m), unterschiedliche Bälle (Basketball, Handball, Tennisball) |
| Zeitbedarf: | 20 min |
| Altersgruppe: | Ab 12 Jahren |
| Gruppengröße: | 5 – 15 Personen |
| Gelände: | Wiese, Sportplatz |

Spielbeschreibung: Die Teilnehmer stellen sich im Kreis auf und bilden mit den Seil-stücken ein großes Geflecht, auf das der Spielleiter zentral einen Ball legt – oder schwieriger: Die Teilnehmer müssen einen auf dem Boden liegenden Ball anheben. Ziel ist es nun, den Ball mit diesem Geflecht über eine vorher festgelegte Strecke zu transportieren. Das Problem besteht darin, dass der Ball den Boden nicht berühren darf. Der Schwierigkeitsgrad steigt mit der „Kleinheit" des Balls.

Variationen:
- Das Spiel kann auch als Staffel zwischen mehreren Gruppen gespielt werden.
- Gute oder geübte Gruppen können das Spiel schweigend ver-suchen, nur in der Planungsphase darf gesprochen werden.
- Der Schwierigkeitsgrad kann gesteigert werden, indem die Seilstücke länger gewählt werden.
- Geübte Gruppen können die Bälle auch hin und her werfen oder der Ball kann zu Beginn vom Spielleiter eingeworfen wer-den. Ziel kann auch sein, den Ball abschließend über ein Hindernis oder in ein Ziel zu werfen …

(Die beste Gruppe hat es geschafft, ein Glas Wasser zu trans-portieren ….)

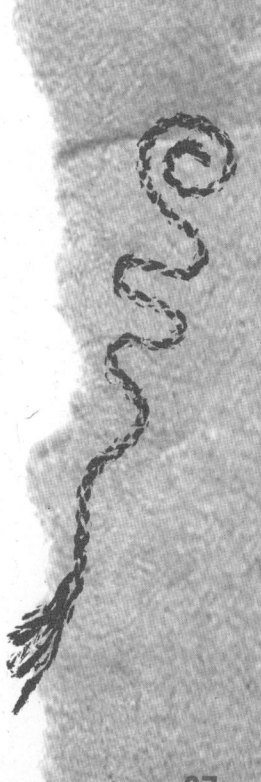

# Zauberwald[1]

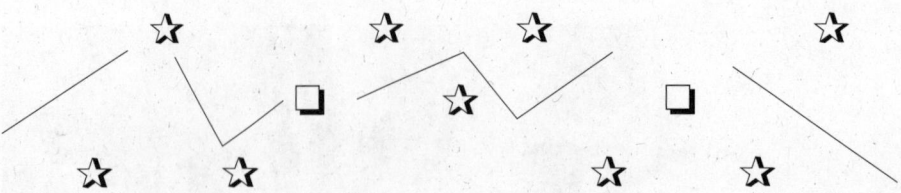

☆    Schätze, Informationen oder ähnliches

___    Seil

❏    Besprechungsraum

| | |
|---|---|
| Material: | Viele lange Spielseilstücke (20 – 40 m) |
| | Augenbinden, Luftballons (oder ähnliches) |
| Zeitbedarf: | 1 – 2 Std. |
| Altersgruppe: | Ab 16 Jahren |
| Gruppengröße: | 5 – 15 Personen |
| Gelände: | Waldstück |

Spielbeschreibung:    Die Teilnehmer haben die Aufgabe, einen Zauberwald zu durchqueren – dabei sollte der Weg vorher nicht einsehbar sein. Eine grobe Leitlinie ist durch Seile vorgegeben. Berühren Teilnehmer ein Seil, sind sie sehend, aber stumm. Lassen sie ein Seil los, sind sie blind, können aber sprechen. Alle Personen teilen sich vor Beginn des Spiels in „Sehende" und „Sprechende" ein.

Ein Stück vom Weg (den Seilen) entfernt, sind Schätze oder Informationen verteilt. Diese Orte können mit Luftballons oder Tennisbällen markiert sein und sind ca. 5 – 10 m von den Seilen entfernt.

---

[1]   Den Hinweis auf dieses Spiel verdanken wir Michael Rehm

Somit können Schätze oder Informationen nur blind gesammelt werden. Teilnehmer, die die Seile berühren und somit sehen können, können ihre „blinden" Kollegen zwar steuern – dies aber nur, ohne zu sprechen. Um ein etwaiges „Schummeln" zu vermeiden, wird jeder Teilnehmer, der das Seil verlässt, mit einem Blindtuch oder einer Mütze ausstaffiert, die er beim Verlassen des Seils über die Augen zieht.

In den zwischen den Seilabschnitten liegenden Besprechungsräumen gelten keine Handicaps. Die Gruppe kann sie für Besprechungen zur Verbesserung der Strategie nutzen.

Variationen:

- Die Summe aller Schätze ergibt das Losungswort für den Ausgang aus dem Wald. Auf diese Weise kann auch eine weitere Aufgabe (das nächste Spiel) gestellt werden.
- Die Teilnehmer können in den Besprechungsräumen die Rollen tauschen („Sprechende" werden „Sehende" und umgekehrt). Dies empfiehlt sich v. a. bei jüngeren Teilnehmern.

Sicherheitshinweise: –

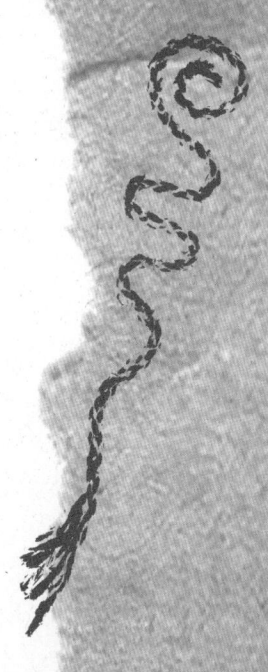

# Gefesselt[2]

| | |
|---|---|
| Material: | Pro Teilnehmer ein Spielseilstück (1 m) |
| Zeitbedarf: | 30 min |
| Altersgruppe: | Ab 12 Jahren |
| Gruppengröße: | Gerade Teilnehmeranzahl, ca. 20 Personen |
| Gelände: | Wiese, Sportplatz, Gruppenraum |

| | |
|---|---|
| Spielbeschreibung: | Jeweils zwei Teilnehmer werden mit den beiden Seilstücken, welche zu Seilhandschellen geknotet werden, aneinander gefesselt (die Handschellen werden ineinander gehängt). Anschließend versuchen die Partner, sich voneinander zu befreien, ohne die Handschellen abzulösen. |
| | Ein bisschen Geduld ist notwendig, denn die Lösung ist trickreich … |
| Variationen: | – |
| Sicherheitshinweise: | – |

*Die Auflösung finden Sie unter: www.ziel-verlag.de/gefesselt*

---

[2]  Den Hinweis auf dieses Spiel verdanken wir Michael Rehm

# 3 Abenteuer-
# aktionen
# mit dem Seil

# Die Nebel von Avalon

| | |
|---|---|
| Material: | Ein etwa 15–20 m langes Berg- oder Statikseil, ein Spielseil, ein Verschlusskarabiner, ein Hüftgurt, ein Helm, eine Augenbinde |
| Zeitbedarf: | 30 min |
| Altersgruppe: | Ab 12 Jahren |
| Gruppengröße: | 10–15 Personen |
| Gelände: | Wiesengelände ohne große Unebenheiten, ein Baum |

Spielbeschreibung: Bei diesem Spiel soll ein Schatz geborgen werden, der – wie bei Schätzen allgemein üblich – nicht so einfach zu erlangen ist.

Diesmal ist es allerdings kein Drache, der mit Excalibur in Gestalt eines Spielseils erschlagen werden muss – diesmal ist die Lage des Schatzes, die einiges Kopfzerbrechen bereitet.

Der Schatz liegt nämlich auf einer sehr kleinen Insel inmitten eines Sees aus purer Säure, die selbstredend nicht durchschwommen werden kann, weil man sonst als Skelett bei der Insel ankäme. Noch dazu produziert der See den berüchtigten Nebel von Avalon, der jeden, der seine ungeschützten Augen dem wabernden Dampf preisgibt, sofort mit Blindheit schlägt.

Doch hat ein guter Zauberer (Merlin sei Dank!) den wagemutigen Schatzsuchern einige Zaubermittel zur Verfügung gestellt. Am Rande des Sees liegen: ein Bergseil, ein Verschlusskarabiner, ein Hüftgurt, ein Helm und eine Augenbinde. Nur diese Gegenstände dürfen zur Bergung des Schatzes benutzt werden.

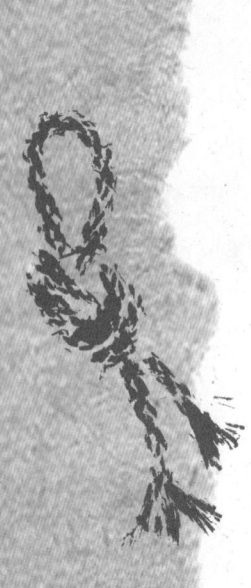

| | |
|---|---|
| Aufbau: | Mit dem Spielseil wird das Ufer des Sees in Baumnähe markiert und die Schatzkiste in der Mitte auf einem kleinen Stein o. Ä. platziert. Der Schatz sollte mit einem Tuch abgedeckt werden, damit das Ganze etwas geheimnisvoller wirkt. Natürlich ist eine Schatzkiste nur dann reizvoll, wenn die Abenteurer hinterher eine Überraschung erwartet – ob dazu ein Bankkonto geplündert wird oder ein paar Schokoriegel den Schatz bilden, bleibt dem Spielleiter überlassen. |

Nur die oben genannten Hilfsmittel – sonst keine! – dürfen benutzt werden. Fallen Gegenstände oder Personen in den See, sind sie verloren. Personen, die mit einem Fuß oder einer Hand in die Säure geraten, verlieren die betreffende Extremität und können sich fortan nur noch einbeinig oder einarmig am Spiel beteiligen. Personen, die mit ungeschützten Augen in die Dämpfe geraten, erblinden auf der Stelle.

| | |
|---|---|
| Variationen: | • Mit einer genügend großen Personenzahl kann das Spiel auch ohne Baum gelöst werden.<br>• Mit Zeitlimit spielen |
| Sicherheitshinweise: | • Sorgen Sie für die notwendige Konzentration, sonst kann die Aktion mit blauen Flecken enden.<br>• Werden Personen an das Seil gehängt, so ist der Helm Pflicht! |

# Die Winde des Vertrauens

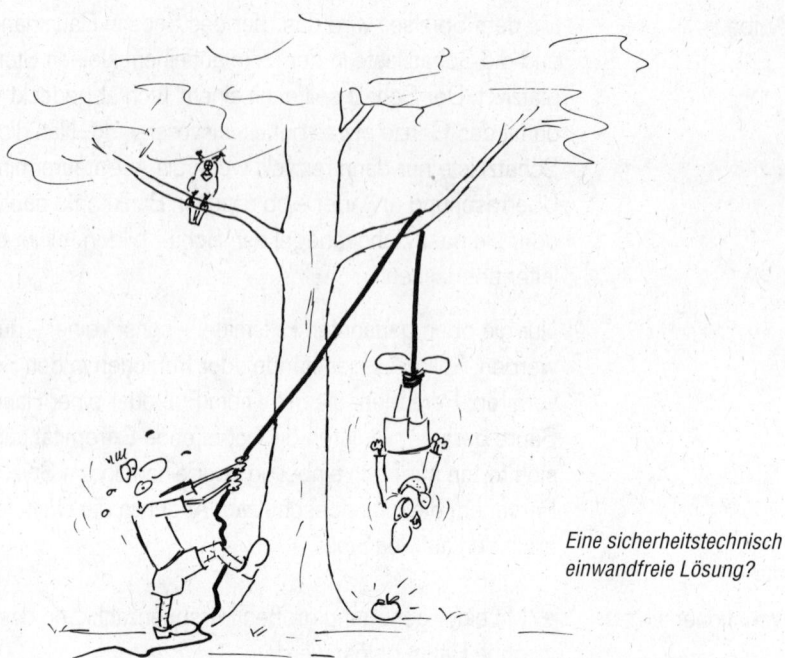

*Eine sicherheitstechnisch einwandfreie Lösung?*

| | |
|---|---|
| Material: | 1 Statikseil (20 m),<br>1 Brustgurt (Kreuzgurt),<br>evtl. 2 Verschlusskarabiner, einige Äpfel,<br>evtl. Schaumstoffunterlage |
| Zeitbedarf: | 30 min |
| Altersgruppe: | Ab 14 Jahren |
| Gruppengröße: | 10 – 15 Persoonen |
| Gelände: | Eine Kante zum Abstützen der Füße ist vorteilhaft |

Spielbeschreibung:  Jenseits eines imaginären Grabens, der nicht betreten werden kann, wird ein Apfel auf dem Boden platziert. Dieser Apfel soll durch eine Person mit Unterstützung der Gruppenmitglieder geborgen werden. Der Graben kann nicht übersprungen werden; auch ist das jenseitige Ufer, an dem der Apfel liegt, für alle Gruppenmitglieder tabu.

Jeder Gegenstand (außer dem Apfel), der den Graben oder das jenseitige Ufer berührt, ist unwiederbringlich verloren.

Der Apfel darf weder mit den Händen noch mit den Füssen noch mit den zur Verfügung stehenden Hilfsmitteln berührt werden.

Die Breite des Grabens hängt von der Größe der Gruppenmitglieder – insbesondere der Größe der bergenden Person – ab.

| | |
|---|---|
| Variationen: | • Der Graben sondert Dämpfe ab, die Personen, die sich unge-schützt in seine Nähe wagen, sofort erblinden lassen |
| | • Die Aktion findet an einem See oder einem tiefen Gumpen statt. Dabei schwimmt der Apfel auf einem kleinen Holzbrett in ange-messener Entfernung vom Ufer und muss ohne unfreiwillige Tauchgänge geborgen werden. |

**Variationen:**

- Der Graben sondert Dämpfe ab, die Personen, die sich unge-schützt in seine Nähe wagen, sofort erblinden lassen
- Die Aktion findet an einem See oder einem tiefen Gumpen statt. Dabei schwimmt der Apfel auf einem kleinen Holzbrett in ange-messener Entfernung vom Ufer und muss ohne unfreiwillige Tauchgänge geborgen werden.

**Sicherheitshinweise:** Die Aktion ist nicht ganz ungefährlich, weil sich die Person, die über den Graben abgekippt wird, bei einem plötzlichen Weg-rutschen der Füße kaum mehr abfangen kann. Insbesondere der Moment, wenn der Apfel mit den Zähnen erfasst wird, ist kritisch.

Diesem Problem kann mit verschiedenen Strategien begegnet werden:

- Prinzipiell sollte mit einer Kante (z. B. ein Bordstein o. Ä.) oder durch Hilfestellung der Gruppenmitglieder ein Wegrutschen der Füße nach hinten weitgehend verhindert werden. Zusätzlich kann eine alte Schaumstoffmatratze untergelegt werden, die einen Ausrutscher dämpft. Alternativ können zwei Personen (die den Graben betreten dürfen) rechts und links den Körper der abzulassenden Personen mit den Händen absichern.
- Die Aktion wird wie in der Variation 2 beschrieben an einem Gumpen oder einem See durchgeführt. Dann endet ein Ausrutscher lediglich mit einem Vollbad …

**Hinweis:** Es ist sinnvoll, den Kreuzgurt verkehrt herum anzuziehen und das Windenseil mit oder ohne Karabiner in den Anseilschlaufen zu befestigen. Beim Ablassen kann dann allerdings ein starker Druck auf den Halsansatz und den Kehlkopf entstehen. Eine Abpolste-rung mit einem Schal, Pulli o. Ä. an dieser Stelle ist vorteilhaft.

# Bachüberquerung

| | |
|---|---|
| Material: | 1 Spielseil, 1 Statikseil (zur zusätzlichen Sicherung), 2–3 hölzerne Wein- oder Obstkisten, 2–3 Balken (ca. 2,5 m lang und ca. 10 x 10 cm dick), einige Stöcke oder Steine aus der Umgebung, Klettergurt, Bandschlingen, einige Verschlusskarabiner, evtl. GriGri , evtl. ein paar Reepschnüre zum Zusammenbinden von Material |
| Zeitbedarf: | 1–2 Std. |
| Altersgruppe: | Ab 12 Jahren |
| Gruppengröße: | 8–20 Personen |
| Gelände: | Ca. 8–10 m breite Stelle im Bach oder Fluss, keinen zu reißenden Bach / Fluss wählen! |

| | |
|---|---|
| Spielbeschreibung: | Das Ziel dieser Aktion besteht in der trockenen und sicheren Überquerung des Baches aller Gruppenmitglieder an einer vorher festgelegten Stelle. Alle bereits mitgebrachten Mittel dürfen verwendet werden. Zusätzlich können Gegenstände aus der Natur genutzt werden, wenn sie ohne Zerstörungen oder Beschädigungen zu verursachen gesammelt werden können. Alle Teilnehmer müssen mit dem Material auf der anderen Seite des Baches angelangt sein, damit die Aufgabe erfüllt ist. Wählen Sie die Materialien so aus, dass die Breite des Baches nicht allein mit den 2–3 Balken erreicht wird. Aus der Praxis empfiehlt es sich bei einer Bachbreite von ca. 8 m (inkl. Böschung) zwei Balken mit ca. 2,5 m und daneben zwei Kisten oder große Steine zu verwenden. |

Für diese Aktion sollte eine interessante Stelle ausgesucht werden – dabei ist auf Strömungen und eine geeignete Bachbreite sowie gute Zugänglichkeit zu achten. Bei der Ortswahl ist außerdem wichtig, dass nicht zu viel und auch nicht zu wenig Wasser im Bach / Fluss fließt. Sonst kommen die Teilnehmer gar nicht (zu viel Wasser) oder ganz einfach (Sprung von Stein zu Stein) ans andere Ufer!! Zur Sicherung der Teilnehmer verwendet man am besten das Statikseil, das über dem Überquerungsweg redundant aufbaut wird.

Bei dieser Aktion kommt es bereits bei der Planung auf einen kreativen Einsatz der zur Verfügung stehenden Mittel an. Oft werden die Lösungsmöglichkeiten im Trockenen – am Bachufer – getestet und dann erst im Bach umgesetzt.

In dieser Aktion können Sie der Gruppe viel Spielraum zugestehen; die Aufgabe des Spielleiters beschränkt sich auf das Beobachten und die Einhaltung der erforderlichen Sicherheitsmaßnahmen. Den Bau des Übergangs kann die Gruppe – im Gegensatz zu anderen seiltechnisch aufwändigeren Aktionen – nahezu allein konzipieren und umsetzen. Mitbestimmung und Planungsmöglichkeiten sind hier sehr groß.

In der Reflexion zu dieser Aktion können Rollenstrukturen in der Gruppe thematisiert werden. Hierzu ist es hilfreich, wenn der Spielleiter sich bewusst im Hintergrund hält.

|  |  |
|---|---|
| Variationen: | • Diese Aktion wird schnell interessanter, wenn nur beschränktes Material zur Verfügung steht. Dies empfiehlt sich allerdings v. a. für fortgeschrittene Teilnehmer! |
|  | • Es darf eine oder auch keine Person nass werden. |
| Sicherheitshinweis: | Bei durch Aufbau oder Personen bedingten Unsicherheiten empfiehlt sich ein zusätzliches Seil als Sicherung. Dieses wird über dem Aufbau zur Bachüberquerung redundant angebracht. Die Teilnehmer werden dann mit zwei langen Schlingen gesichert. |

# Mohawk Walk

| | |
|---|---|
| Material: | 1 – 2 Statikseile oder einige Statikseilstücke, diverse Bandschlingen oder Reepschnüre, einige Verschlusskarabiner, evtl. GriGri |
| Zeitbedarf: | Ca. 45 min |
| Altersgruppe: | Ab 10 Jahren |
| Gruppengröße: | 5 – 15 Personen |
| Gelände: | Wald mit 5 – 6 soliden Bäumen, wahlweise auch einbetonierte Pfähle o. Ä. |

Spielbeschreibung: Die Seile werden von Baum zu Baum möglichst unter Schritthöhe gespannt. Idealerweise sollte der Abstand zwischen den ersten beiden Bäumen etwa 2 m betragen und sich dann von Baum zu Baum steigern. Ziel der Aktion ist die Begehung des gesamten Mohawk-Walks durch die ganze Gruppe ohne Bodenkontakt. Berührt eine Person den Boden, muss die gesamte Gruppe von vorne beginnen.

Das hört sich einfacher an als es ist. Zu Beginn der Aktion sind die Abstände zwischen den Bäumen zugegebenermaßen klein genug, dass die meisten Personen ohne Hilfe die Entfernung balancierend mit schnellen Bewegungen hinter sich bringen können. Je weiter aber die Abstände werden, desto größer ist das Risiko, beim Balanceakt „abzustürzen" und somit die gesamte Gruppe zum Neuanfang zu zwingen.

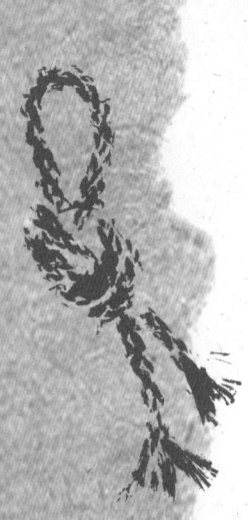

In der Regel benötigt eine Gruppe mehrere Anläufe, bis allen klar ist, dass nur gegenseitige Unterstützung zum Ziel führt. Die Aktion eignet sich deshalb gut zur Verdeutlichung, wie wichtig die Gruppe für den Einzelnen sein kann und damit zum Aufbau sozialer Kompetenzen.

| | |
|---|---|
| Variationen: | • Als besondere Schwierigkeit kann der Spielleiter einzelnen Personen die Augen verbinden oder die ganze Gruppe blind über den Mohawk-Walk schicken. |
| Sicherheitshinweise: | • Wegen der hohen Belastungen für Seil und Anschlagsysteme sollten sich nie mehr als 4 – 5 Personen auf den einzelnen Abschnitten zwischen zwei Anschlagpunkten befinden. Wippen möglichst vermeiden! (vgl. Kap. 1.9.2) |
| | • Der Untergrund sollte weich und halbwegs eben sein, um bei eventuellen Abstürzen das Verletzungsrisiko gering zu halten. Bei großen Gruppen sollte der Teil, der sich noch nicht oder nicht mehr auf dem Seil befindet, durch spotten die Balancierenden absichern. |
| | • Seile möglichst nicht über Schritthöhe! Ein Hochschnellen des Seils bei einem unverhofften „Absteiger" kann schmerzhafte Konsequenzen haben und sollte verhindert werden. (vgl. Kap. 4.2) |
| | • Vorsicht vor Aststummeln und / oder abgebrochenen Ästen an den integrierten Bäumen! |

# Hajos Mondfahrt

| | |
|---|---|
| Material: | 1 Statikseil (ca. 20 m lang), |
| | diverse Bandschlingen oder Reepschnüre, |
| | einige Verschlusskarabiner, evtl. GriGri, |
| | 4–6 lange Bandschlingen, Hüftgurt, evtl. Brustgurt |
| Zeitbedarf: | Hängt von der Gruppengröße ab |
| Altersgruppe: | Ab 10 Jahren |
| Gruppengröße: | 6–15 Personen |
| Gelände: | 2 solide Bäume, |
| | wahlweise auch einbetonierte Pfähle o. Ä. |

Spielbeschreibung: Das Seil wird zwischen den Bäumen gespannt.

Anschließend werden Kleingruppen von 5–7 Personen gebildet.
Eine Person der Kleingruppe legt den Hüftgurt an und erhält die
Aufgabe, die gesamte Strecke auf dem Seil balancierend zurück-
zulegen. Die restliche Kleingruppe begleitet den Akteur neben
dem Seil und schützt ihn mit einer Art Schwebesicherung vor
eventuellen Abstürzen.

Die Schwebesicherung besteht aus langen Bandschlingen, die
direkt am Hüftgurt mittels Ankerstich (nicht in den Material-
schlaufen!) rundum befestigt werden. Es werden so viele Bandschlingen wie absichernde Personen benötigt.

Ziel der Aktion ist es, den Balancierenden mittels Bandschlingen-zug auf dem Seil zu halten und ihm eine vollständige Begehung der gesamten Seilstrecke zu ermöglichen. Dabei kommt es sehr auf das Fingerspitzengefühl und die gute Zusammenarbeit der Sicherungsgruppe an. Die Person auf dem Seil kann verbal steuern, muss sich aber darauf verlassen, dass sie bei „Wacklern" auch wirklich gehalten wird.

Anschließend können die Rollen getauscht werden.

**Hinweis:** Bei der oben beschriebenen Sicherung über den Hüftgurt muss die Person auf dem Seil intensiv Körperspannung aufbauen, um mit Hilfe der Bandschlingen nicht „abzustürzen". Dies ist nicht leicht – insbesondere bei Kindern und sportlich ungeübten Personen kann der Balanceakt dann schwierig werden.

Die zusätzliche Verwendung eines Brustgurtes kann hier helfen. In diesem Fall werden die Bandschlingen sowohl am Hüft- als auch am Brustgurt direkt befestigt und vermitteln der Person auf dem Seil so zu mehr Stabilität.

**Variationen:**
- Die Person auf dem Seil ist blind.
- Bei sportlichen Gruppen kann der Balancierende auch rückwärts laufen.
- Die Aktion läuft ohne Reden ab. Dies kann bedeuten, dass nur die Person auf dem Seil sprechen darf und die Sicherungsgruppe nonverbal darauf reagiert oder umgekehrt: Die Sicherungsgruppe darf sprechen und die Person auf dem Seil schweigt.

**Sicherheitshinweise:**
- Der Untergrund sollte weich und halbwegs eben sein, um bei eventuellen Abstürzen das Verletzungsrisiko gering zu halten.
- Seile, möglichst nicht über Schritthöhe! Ein Hochschnellen des Seils bei einem unverhofften „Absteiger" kann schmerzhafte Konsequenzen haben und sollte verhindert werden. (vgl. Kap. 4.2)
- Vorsicht vor Aststummeln und / oder abgebrochenen Ästen an den integrierten Bäumen!

# Die Brücke der Verständigung

| Material: | 2 Statikseile, diverse Bandschlingen und Reepschnüre, einige Verschlusskarabiner, evtl. GriGri |
|---|---|
| Zeitbedarf: | 60 min |
| Altersgruppe: | Ab 12 Jahren |
| Gruppengröße: | 10 – 15 Personen |
| Gelände: | Lichter Wald mit soliden Bäumen |

**Spielbeschreibung:** Die Seile werden in V-Form zwischen 3 Bäume gespannt. Diese sollten wie folgt angeordnet sein: Entfernung Baum I – Baum II: 6 m ebenso Baum I – Baum III; Baum II- Baum III ca. 2,5 m. Die Seile werden zwischen Baum I und II und Baum I und III in Abhängigkeit von der Größe der Gruppenmitglieder möglichst unter Schritthöhe angebracht.

Die Teilnehmer bilden Paare, die an der Spitze des V bei Baum I die Seile besteigen und sich miteinander zum offenen Ende des V balancierend vorarbeiten. Ziel ist es, die beiden Bäume an der anderen Seite zu erreichen. Sie dürfen sich dabei nur gegenseitig stützen, weitere Hilfsmittel sind nicht erlaubt.

| | |
|---|---|
| Variationen: | • Zeitvorgabe einführen |
| | • Die Gruppe kann helfen oder auch als störendes Element die beiden Akteure durch lautes Rufen oder Bewerfen mit Soft-bällen behindern. Die Seile dürfen dabei allerdings nicht berührt und die Absicherung darf nicht gefährdet werden. |
| Sicherheitshinweise: | • Die Seile dürfen nicht über Schritthöhe gespannt werden! Ein Hochschnellen des Seils bei einem unverhofften „Absteiger" kann schmerzhafte Konsequenzen haben und sollte verhindert werden. (vgl. Kap. 4.2) |
| | • Nicht die Finger verschränken!! Verletzungsgefahr! |
| | • Andere Personen sichern die Akteure durch Spotten. Empfehlenswert ist auch, eine Person in gebückter Haltung mit den Händen auf den Knien zwischen den Akteuren zu positio-nieren. |
| | • Vorsicht vor Aststummeln und / oder abgebrochenen Ästen an den integrierten Bäumen! |

# Die Raute

Material:      2 Statikseile, diverse Bandschlingen und Reepschnüre, einige Verschlusskarabiner, evtl. GriGri

Zeitbedarf:    70 min.

Altersgruppe:  Ab 12 Jahren

Gruppengröße: 10 – 15 Personen

Gelände:      Lichter Wald mit soliden Bäumen

Spielbeschreibung:  Diese Aktion ist eine Weiterführung der „Brücke der Verständigung". Es werden vier Bäume benötigt, die in Kreuzform angeordnet sind, wobei das Kreuz ca. 8 x 4 m misst. Es werden zwei Statikseile zwischen den beiden weiter entfernten Bäumen gespannt und anschließend zu den beiden seitlichen Bäumen hingezogen und blockiert. Dies kann mit Bandschlingen geschehen, die mittels Ankerstich um die beiden seitlichen Bäume fixiert werden. Der weiteste Abstand der beiden Seile soll in der Mitte ca. 2 m betragen.

Die Seile werden in Abhängigkeit von der Größe der Gruppenmitglieder möglichst unter Schritthöhe angebracht.

Die Teilnehmer bilden Paare, die an der schmalen Spitze der Raute die Seile besteigen und sich miteinander zum anderen Ende der Raute balancierend vorarbeiten. Ziel ist es, den Baum an der anderen Seite zu erreichen. Sie dürfen sich dabei nur gegenseitig stützen, weitere Hilfsmittel sind nicht erlaubt.

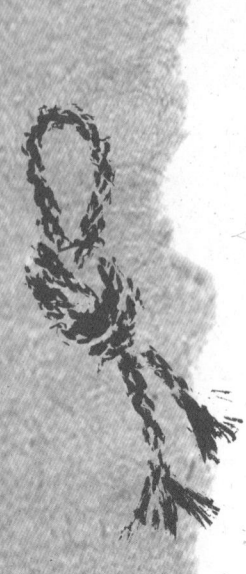

| | |
|---|---|
| Variationen: | (siehe Brücke der Verständigung) |

- Zeitvorgabe einführen
- Es können mehrere Personen gleichzeitig die Raute begehen und sich gegenseitig stützen (Erleichterung), hierzu muss das Seil allerdings sehr stark gespannt werden – die Aktion sollte dann auf fünf Personen beschränkt sein!
- Die Gruppe kann auch hier helfen oder als störendes Element die Akteure durch lautes Rufen oder Bewerfen mit Softbällen behindern. Die Seile dürfen dabei allerdings nicht berührt und die Absicherung darf nicht gefährdet werden.

| | |
|---|---|
| Sicherheitshinweise: | |

- Die Seile dürfen nicht über Schritthöhe gespannt werden! Ein Hochschnellen des Seils bei einem unverhofften „Absteiger" kann schmerzhafte Konsequenzen haben und sollte verhindert werden. (vgl. Kap. 4.2)
- Nicht die Finger verschränken!! Verletzungsgefahr!
- Andere Personen sichern die Akteure durch Spotten. Empfehlenswert ist auch, eine oder zwei Personen in gebückter Haltung mit den Händen auf den Knien zwischen den Akteuren zu positionieren.
- Vorsicht vor Aststummeln und / oder abgebrochenen Ästen an den integrierten Bäumen!

# Affenschaukel

Material: 2 Statikseile, mehrere ca. 4 m lange Seilstücke,
diverse Prusikschlingen, lange und kurze Bandschlingen,
mehrere Verschlusskarabiner, evtl. GriGri

Zeitbedarf: 60–90 min
Altersgruppe: Ab 12 Jahren
Gruppengröße: 10–15 Personen
Gelände: Relativ ebenes Gelände
mit dicken und stabilen Bäumen

Spielbeschreibung: Zwei Statikseile werden zwischen zwei Bäumen in einem horizontalen Abstand von 60–80 cm gespannt. Ideale Voraussetzungen
liegen vor, wenn die benutzten Bäume etwa den Durchmesser
haben, der dem Abstand der Seile entspricht – dann kann ein Seil
rechts und das andere links am Baum angeschlagen werden. Gut
geeignet wäre hier der Wickelknoten (vgl. Kap. 1.4.2).

In diese Tragseile werden dann u-förmig Trittschlingen aus Seilstücke eingebaut, die mit gesteckten Mastwürfen oder – besser
– mit gesonderten Prusikschlingen und Verschlusskarabinern
befestigt werden.

Letztere Methode hat den Vorteil, dass die Trittschlingen an den Seilen leichter auf- und abzubauen sowie besser verschiebbar sind.

Die Entfernung Tragseile – Trittschlinge unten sollte in etwa der Körpergröße der Teilnehmer entsprechen; der Abstand der Trittschlingen untereinander entspricht maximal der Schrittlänge.

Unter Belastung sollten sich die Füße der Teilnehmer etwa 50 cm über dem Boden befinden – dies muss beim Anschlagen der Tragseile an den Bäumen berücksichtigt werden.

Bei der Begehung geht es darum, die Strecke zwischen den Bäumen unter Benutzung der Trittschlingen zu bewältigen. Dabei wird die Übung schwieriger, wenn sich die Teilnehmer an den Trittschlingen und nicht oben an den Tragseilen festhalten.

| | |
|---|---|
| Variationen: | • blind begehen |
| | • rückwärts begehen |
| | • Zwei Personen begegnen sich und müssen demzufolge ohne Bodenberührung aneinander vorbei. |
| | • Die Affenschaukel kann auch als hohes Element aufgebaut werden, wobei hier die Sicherung wie beim Hohen Gang (vgl. Kap. 3 Seite 88) erfolgen muss. |
| | |
| Sicherheitshinweise: | • Der Untergrund sollte weich und halbwegs eben sein, um bei eventuellen Abstürzen das Verletzungsrisiko gering zu halten. Grundsätzlich müssen die Balancierenden von anderen Personen durch Spotten abgesichert werden. |
| | • Vorsicht vor Aststummeln und / oder abgebrochenen Ästen an den integrierten Bäumen! |

# Hoher Gang

| Material: | 2–3 Statikseile, mehrere lange und kurze Bandschlingen, mehrere Verschlusskarabiner, evtl. GriGri Hüft / Brustgurtkombination, Helm |
|---|---|
| Zeitbedarf: | 60–90 min |
| Altersgruppe: | Ab 12 Jahren |
| Gruppengröße: | 10–15 Personen |
| Gelände: | Am besten sind stabile Bäume rechts und links eines kleinen Baches |

**Spielbeschreibung:** Ein Statikseil wird als Balancierseil etwa 1,5–2 m über dem Boden zwischen zwei Bäumen gespannt. Zusätzlich werden an denselben Bäumen etwa 2,5 bis 3 m über dem Balancierseil zwei Sicherungsseile (Statikseile verwenden!) redundant aufgebaut. Die Seilführung kann übereinander mit Verschlusskarabinern oder Rollen erfolgen.

Insgesamt sollte der Abstand zwischen den beiden Fixpunkten 10 m nicht wesentlich überschreiten, weil das gesamte System sonst sehr instabil wird. Unter Umständen muss der Zugang zum Balancierseil mit einem Geländerseil abgesichert werden. Das Einhängen der Sicherungskarabiner sollte durch Gruppenmitglieder unterstützt werden (Übernahme von Verantwortung).

Der Hohe Gang wird mit Hüftgurt, gegebenenfalls mit einem zusätzlichen Brustgurt (vgl. Kap. 1.6) und Helm begangen. Das Balancieren fällt leichter, wenn man sich an den zu den Sicherungsseilen führenden Bandschlingen festhält.

Variationen:

- blind begehen
- rückwärts begehen
- Für Fortgeschrittene: Prinzipiell ist es auch möglich, dass sich zwei Personen auf dem Hohen Gang begegnen und demzufolge aneinander vorbei müssen. Dies verlangt ein Umhängen der Sicherungen. Falls diese Variante gewählt wird, sollten die beiden Sicherungsseile ausnahmsweise nebeneinander geführt werden und mit den Händen erreichbar sein. Die beiden Sicherungskarabiner werden dann in jeweils ein Seil (Schnapper nach außen) eingehängt. Bei der Begegnung muss dann so umgehängt werden, dass eine ständige Sicherung gewährleistet ist. Da dieser Vorgang korrekt ablaufen muss, ist eine vorherige „Trockenübung" sinnvoll.

Sicherheitshinweise:

- Die Seilspannung der Sicherungseile und die Länge der Bandschlingen sollte so eingestellt werden, dass das Balancierseil – gerät es im Falle eines Sturzes zwischen die Beine – keine wichtigen Körperteile in Mitleidenschaft zieht!
- Ein zusätzliches Seil kann als Handlauf eingezogen werden. Dies vermindert die Gefahr, auf das Laufseil zu fallen.
- Vorsicht vor Aststummeln und / oder abgebrochenen Ästen an den integrierten Bäumen!

# Das Seilkreuz

| Material: | 2 – 3 Statikseile, mehrere lange und kurze Bandschlingen, mehrere Verschlusskarabiner, evtl. GriGri, Hüft / Brustgurtkombination, Helm |
| --- | --- |
| Zeitbedarf: | 60 – 90 min |
| Altersgruppe: | Ab 12 Jahren |
| Gruppengröße: | 10 – 15 Personen |
| Gelände: | Am besten sind stabile Bäume rechts und links eines kleinen Baches |

**Spielbeschreibung:** Die Sicherungsseile werden wie beim Hohen Gang redundant aufgebaut. Zur Fortbewegung dient ein Seilkreuz, dass zwischen zwei Bäumen vertikal angebracht wird. Ein Seil des Kreuzes wird am Baum A in Bodenhöhe fixiert und zum Baum B auf eine Höhe von ca. 2,5 m gespannt. Das andere Seil wird genau gegengleich von Baum B zu Baum A aufgebaut.

Die Crux dieser Aktion liegt im Bewältigen des Seilkreuzes. Zu Beginn dient das untere Seil als Geh-, das obere als Handseil. Durch die Annäherung der Seile zum Seilkreuz hin wird der Abstand zwischen den Seilen kleiner und das Balanciervermögen zunehmend gefordert, um ans andere Ende zu gelangen.

**Variationen:**
- Zeitvorgabe einführen
- Das Seilkreuz kann von Geübten auch paarweise oder blind begangen werden
- Für Ungeübte empfiehlt sich folgender Aufbau: Die Fixpunkte für die Seile werden jeweils außen am Baum angebracht, so dass sich zwischen den überkreuzenden Seilen ein freier Raum ergibt. Damit entsteht eine dritte Ebene und die Begehung wird leichter.

**Sicherheitshinweise:** –

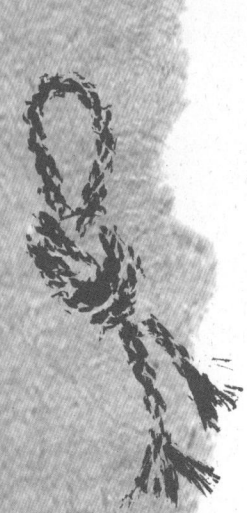

# Seilfähre

| | |
|---|---|
| Material: | 2 Kanus oder Ruderboote<br>(oder Material, aus dem ein Floß gebaut werden kann),<br>zwei Statikseile mit der Länge der zu überwindenden Strecke,<br>Schlingen und Verschlusskarabiner, evtl. GriGri,<br>Schwimmwesten für alle Teilnehmer |
| Zeitbedarf: | Ca. 1–2 Std. |
| Altersgruppe: | Ab 12 Jahren |
| Gruppengröße: | 10–20 Personen |
| Gelände: | Seitenarm eines Sees, schwach fließender kleiner Fluss ohne Schiffsverkehr |

Spielbeschreibung: Zwischen beiden Ufern werden die Statikseile redundant zwischen zwei Bäumen so gespannt, dass sie vom Kanu, Boot oder Floß bequem zu greifen sind. Die Uferböschung sollte nicht zu steil sein, damit das Ein- und Aussteigen etwas erleichtert wird. Die Fähre wird mittels Karabinern und Schlingen in die Seile eingehängt. Die Gruppe erhält nun die Aufgabe, das Wasser mit der Seilfähre ohne Paddel oder ähnliche Ruderinstrumente zu überqueren. Jeder darf nur ein einziges Mal die Rolle des Fährmanns übernehmen.

Am besten eignet sich diese Aktion am Ende einer größeren Sequenz.

Variationen:
- Überquerung mit Zeitlimit
- Beschränkung der Personenanzahl auf dem Floß / im Boot

Sicherheitshinweise:
- Alle Personen müssen schwimmen können.
- Ein zweites Kanu oder Kajak sollte als Interventions- und Rettungsboot am Ufer deponiert werden.
- Die Aktion nicht an stark strömenden Flüssen oder bei Hochwasser durchführen!!

# Seilbrücke

| | |
|---|---|
| **Material:** | 2 Statikseile, mehrere lange und kurze Bandschlingen, mehrere Verschlusskarabiner, evtl. GriGri, Hüft / Brustgurtkombination, Helm, evtl. Lederhandschuhe, Halbseil bei passiver Begehung |
| **Zeitbedarf:** | 2 – 3 Std. |
| **Altersgruppe:** | Ab 14 Jahren |
| **Gruppengröße:** | 10 – 15 Personen |
| **Gelände:** | Am besten sind stabile Bäume rechts und links einer Schlucht oder eines Baches |

**Spielbeschreibung:** Die Seilbrücke dient zum Überqueren eines Baches / Flusses oder einer Schlucht. Wenn Sie als Spielleiter alleine sind und nicht ständig im Neoprenanzug den Fluss durchqueren wollen, ist ein Standort günstig, in dessen Nähe sich ein Steg oder eine Brücke befindet.

Als Verankerung für die Seile dienen stabile Bäume, die auf beiden Ufern etwas vom Rand entfernt (ca. 5 m) stehen.

Die Schlucht oder das Flussbett sollte so tief sein, dass beim Überqueren auch bei durchhängenden Seilen kein voller Boden- oder Wasserkontakt möglich ist.

**Aufbau:** An den Bäumen werden zwei Seile redundant aufgebaut und gespannt. Grundsätzlich sind alle Seilführungen möglich – wenn aktiv gehangelt werden soll, ist eine doppelte Seilführung von Vorteil, bei der die Verbindung Klettergurt – Seile durch zwei Verschlusskarabiner hergestellt wird, die gegenläufig direkt in beide Seile eingehängt werden.

Natürlich wird ein Problem sofort klar: Wie kommen die Seile auf die andere Seite?
Grundsätzlich sind zwei Varianten zu unterscheiden:
Eine Person darf über die Brücke auf die andere Seite. Ihr wird das Seil zugeworfen.

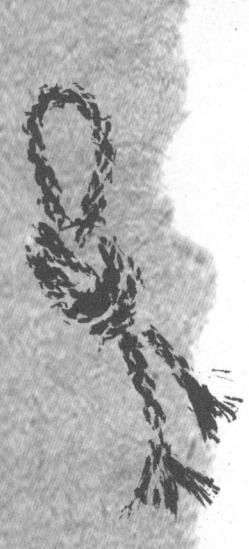

Eine Person der Gruppe darf nass werden und erhält bei entsprechender Tiefe und Kälte des Gewässers einen Neoprenanzug. Achtung: Diese Variante bedarf besonderer Kenntnisse bezüglich der Wasserwucht und dem Durchschwimmen / -waten von Flüssen und der entsprechenden Absicherung. Unterschätzen Sie nie den Strömungsdruck eines Gebirgsbaches!!

Die Teilnehmer begehen einzeln die Seilbrücke mit Hüftgurt (gegebenenfalls Hüft- / Brustgurtkombination) und Helm. Eine Überquerung kann aktiv, passiv oder in einer Mischform erfolgen:

**Aktive Überquerung:** Die redundante Verbindung Anseilzentrum – Brückenseile ist kürzer als armlang – am besten werden die beiden Verschlusskarabiner wie oben beschrieben direkt in die doppelt geführten Seile eingehängt. *Vorsicht:* Unbedingt lange Haare unter dem Helm verstauen und keine weite Kleidung tragen, sonst kann es unliebsame Blockaden in den Karabinern geben. Auch die Finger zwickt man sich zuweilen gern ein – weisen Sie Ihre Gruppen darauf hin! Zum Schutz der Finger können Arbeitshandschuhe aus Leder benutzt werden.

**Passive Überquerung:** Die redundante Verbindung Anseilzentrum – Brückenseile ist deutlich länger als armlang – dies soll verhindern, dass die Teilnehmer an die Tragseile greifen und sich Verbrennungen und / oder eingezwickte Finger holen. Zum Transport wird das Halbseil benötigt, welches etwa doppelt so lang sein sollte wie die Schlucht breit ist. In der Mitte dieses Seils wird mit Sackstich ein Karabiner eingehängt, der wiederum in die beiden Verschlusskarabiner der Selbstsicherung eingeklinkt wird.

Diese Methode erfordert einen hohen Aufbau und damit eine hohe Anbringung der Anschlagpunkte, um einen Kontakt der hängenden Person mit dem Wasser oder dem Boden zu vermeiden.

Falls wegen fehlender Höhe die Selbstsicherung nicht auf über armlang eingestellt werden kann, sind Lederhandschuhe zu verwenden. Der Kopf muss sich jedoch zwingend deutlich unter den Tragseilen befinden, damit keine Haare in die Karabiner gezogen werden können.

**Mischform:** Eine Mischform ist nur möglich, wenn die redundante Verbindung Anseilzentrum – Brückenseile kürzer als armlang ist und das Zugseil eingeklinkt ist. Die Teilnehmer hangeln solange, bis dicke Oberarme die beim Start noch dynamischen Schluchtüberquerer in müde Krieger verwandeln, die willens- und antriebslos über der Schlucht baumeln. Nach einer angemessenen Wartezeit können diese dann vom Rest der Truppe mittels Hilfsseil gerettet werden – aber wiederum Vorsicht: Wenn das kraftlose Wesen an der Seilbrücke die Hände beim Losziehen des Rettungstrupps noch am Seil hat, gibt's garantiert eingequetschte Finger! Vor dem Ziehen durch eine geeignete Kommunikationsform sicherstellen, dass Hände, Kleidung und Haare von den Tragseilen und den Karabinern weg sind!

**Variationen:** Interessant wird die Seilbrücke, wenn der Gruppe zum Überqueren der Schlucht nur begrenztes Material zur Verfügung steht oder gewisse Regeln gefordert werden. Das könnte zum Beispiel so aussehen:

„Eure Aufgabe ist, als gesamte Gruppe mit Ausrüstung diesen Fluss zu überqueren. Eine Person darf über die Brücke auf die andere Seite, sie darf aber nicht zurück. Die Seile dürfen nicht über die Schlucht geworfen werden und es muss möglich sein, passiv mit Unterstützung der anderen den Fluss zu überqueren."

(Bei dem Materialhaufen w. o. liegt noch eine Rolle Bindfaden sowie Pfeil und Bogen)

Wie sieht Ihre Strategie aus?

**Sicherheitshinweis:** Der Zustieg bis zur Seilbrücke muss – falls notwendig – mit Seilgeländer abgesichert werden.

# Burmabrücke

| | |
|---|---|
| Material: | 5 Statikseile, mehrere Bandschlingen, diverse Reepschnüre, mehrere Verschlusskarabiner, evtl. GriGri, Hüft / Brustgurtkombination, Helme |
| Zeitbedarf: | 2 – 3 Std. |
| Altersgruppe: | Ab 12 Jahren |
| Gruppengröße: | 10 – 15 Personen |
| Gelände: | An einem Bach oder einer Schlucht |

**Spielbeschreibung:** Der Aufbau der Burmabrücke ist eine ziemliche Materialschlacht und auch zeitlich aufwendig, das Ergebnis ist aber beeindruckend.

Die Burmabrücke ist eine Hängebrücke mit Geländer. Das Tragseil sollte ein Statikseil sein, die Geländerseile können auch Halbseile sein. Tragseil und Geländer bilden – vom Eingang aus gesehen – ein V. Als Sicherung laufen über der Brücke noch zwei Sicherungsseile aus Statikmaterial. Die Geländerseile werden durch Verstrebungen aus Reepschnüren mit dem Tragseil verknüpft. Hier sollten Sie den gesteckten Mastwurf verwenden, da sich Prusikknoten oder Ankerstich beim Spannen der Brücke zu sehr festziehen.

Die Burmabrücke wird auf einer Uferseite komplett aufgebaut. Als Örtlichkeit wählt man am besten einen Bach, eine Schlucht oder einfach eine geeignete Stelle im Wald aus. Idealerweise wachsen an beiden Ufern drei eng nebeneinander stehende Bäume, die als Verankerung dienen, es kann aber auch nur ein starker Baum sein – die Geländerseile sollten dann seitlich an kleineren Bäumen abgespannt werden.

---

*) Zeichnung oben mit freundlicher Genehmigung aus „Die Sprache der Berge"; Verfasser L. Kraus / M: Schwiersch.

Man legt die Seile am Boden aus und knüpft die Reepschnüre ein. Dazu legt man das Tragseil in die Mitte der beiden Geländerseile. Der Abstand Tragseil – Geländer (und damit die spätere Höhe des Geländers) beträgt ca. 1,5 m. Anschließend wird das ganze System über die Schlucht gespannt. Es ist darauf zu achten, dass jedes Seil einzeln verankert wird.

Die Sicherungsseile werden in ca. 2,5 m Höhe über das Tragseil gespannt. Die Absicherung und die Seilführung erfolgt wie beim „Hohen Gang". Es ist von Vorteil, die Sicherungsseile zuerst aufzubauen. Eines dient dann gleichzeitig als Transportseil für die Burmabrücke, die über die Schlucht gezogen werden muss.

Die Burmabrücke kann von max. 2 Personen gleichzeitig begangen werden. Unerfahrene begehen die Brücke wegen der auftretenden Schwingungen am besten einzeln.

| | |
|---|---|
| Variationen: | • Blinde Begehung<br>• Die Brücke muss von der gesamten Gruppe überquert und nur von dieser Seite her abgebaut werden. Es gibt eine Lösung! |
| Sicherheitshinweis: | Die Sicherungsseile müssen so hoch angebracht und gespannt sein, dass ein Boden- oder Wasserkontakt im Fall des Durchrutschens unmöglich ist. |

# Seilrutsche

| | |
|---|---|
| Material: | 2 Statikseile, mehrere lange und kurze Bandschlingen, mehrere Verschlusskarabiner, evtl. GriGri, Hüft / Brustgurtkombination, Helm |
| Zeitbedarf: | 2 – 3 Std. |
| Altersgruppe: | Ab 14 Jahren |
| Gruppengröße: | 10 – 15 Personen |
| Gelände: | Am besten sind stabile Bäume rechts und links einer Schlucht, der Startpunkt muss erhöht sein |

| | |
|---|---|
| Vorbemerkung: | Aufbau und Betrieb der Seilrutsche kann nicht in allen Details erschöpfend beschrieben werden. Vor allem die Örtlichkeiten sind so variabel, dass nur Rahmenbedingungen der Sicherheit formuliert werden können. Auch gibt es z. B. kein Patentrezept, wie stark die Tragseile bei welchem Gewicht der Teilnehmer gespannt werden sollen. Einschlägige Erfahrung und ausgiebige Tests vor der Befahrung sind unabdingbar. |
| Spielbeschreibung: | Die Seilrutsche ist im Grunde nichts anderes als eine Seilbrücke mit Gefälle. Sicherheitstechnisch ist die Seilrutsche allerdings um ein Vielfaches kritischer als alle anderen bisher vorgestellten Seilaufbauten zu beurteilen – dies wird auch durch eine steigende Zahl von Unfällen dokumentiert (vgl. Kap. 8) |
| | Die Ursache liegt in der Dynamik des Ablaufs und der Schwierigkeit, das Verhalten des Aufbaus unter der Last einer rutschenden Person einzuschätzen. |

**Aufbau:** Die beiden Statikseile werden wie bei der Seilbrücke mit einem Gefälle über die Schlucht gespannt. Gefälle und Spannung hängen von der Strecke, den örtlichen Gegebenheiten und dem Gewicht der fahrenden Personen ab; es muss aber sichergestellt werden, dass

- zu keiner Zeit ein Bodenkontakt der rutschenden Person möglich ist.
- ein Anschlagen am Landepunkt verhindert wird.

Die erste Voraussetzung muss durch einen Selbstversuch der für den Aufbau verantwortlichen Person verifiziert werden – es reicht nicht, einen Rucksack auf die andere Seite zu schicken. Eine Möglichkeit ist, sich von einer fähigen Person die Rutsche hinuntersichern zu lassen und durch Wippen an den neuralgischen Punkten die ausreichende Höhe über Grund zu prüfen. Auch ein Hochhangeln vom Landepunkt ist denkbar.

Springen Sie keinesfalls in eine selbst aufgebaute Seilrutsche ohne ausreichende Tests hinein! Selbst sehr erfahrene Personen aus dem Bekanntenkreis der Autoren haben bei solchen mutigen Aktionen schon ihr blaues Wunder erlebt und sind sehr viel schneller auf der anderen Seite angekommen, als ihnen lieb war!

Ein unfreiwilliges Einschlagen am Landepunkt wird am besten durch eine korrekte Einstellung der Seilrutsche vermieden. Gefälle und Strecke müssen so bemessen sein, dass die rutschende Person ohne eigene oder fremde Maßnahmen – also von selbst – an einem Punkt hängen bleibt, an dem sie von Hilfspersonen gut abgehängt werden kann.

Diese Einschätzung ist sehr schwierig und nur durch große Erfahrung und ausreichende Tests befriedigend zu realisieren.

Die Autoren sind sich bewusst, dass bei Seilrutschen häufig Bremssysteme verwandt werden, die ein Anschlagen am gegenüberliegenden Fixpunkt verhindern sollen. Eingesetzt werden u. a. fixierte oder mitlaufende Bremsblöcke, Bungeeseilbremsen, divergierende Seile oder auch mitlaufende Bremsseile, die durch eingewiesene Personen bedient werden.

Unabhängig von der Sicherheit dieser Systeme sind Seilrutschen, die ohne jegliches Bremssystem auskommen und lediglich über den Seildurchhang ein Anschlagen verhindern, aus Sicht der Autoren zu bevorzugen.

Bremssysteme stellen immer eine zusätzliche Fehlerquelle dar – versagt die Bremse (aus welchen Gründen auch immer), sind meist schwere Verletzungen die Folge. Dies ist insbesondere bei mitlaufenden Bremsseilen der Fall – hier kann sich das Bremsseil in bestimmten Situationen um den Hals der fahrenden Person legen – eine äußerst fatale Angelegenheit!

Seilführung:

Bei der Seilrutsche ist die doppelte Seilführung obligatorisch (s. Kap. 1.8). Zwei Verschlusskarabiner werden in beide Seile gegenläufig eingeklinkt – allerdings wird die Verbindung zum Anseilzentrum durch zwei *gleichlange* Bandschlingen (keine ungleich langen Bandschlingen wie bei der Seilbrücke) hergestellt.

Der Grund für dies Maßnahme liegt in der Dynamik des Ablaufs: Es ist nicht auszuschließen, dass beim Absprung die längere (redundante) Bandschlinge in die Karabiner gezogen wird und zu massiven Schmelzverbrennungen und Blockaden führt.

Der durch die gleichlangen Schlingen gegebenen Gefahr der Strangulation wird begegnet, indem man die Bandschlingen etwa in Augenhöhe gemeinsam abknotet und parallel zum Anseilpunkt führt. Beim Absprung werden dann beide Schlingen mit den Händen umfasst, dabei kann der Knoten als Haltepunkt für eine Hand dienen.

Die Verwendung von Seilrollen ist prinzipiell möglich, aber auf Aufbauten mit geringem Gefälle beschränkt. Ein Anschlagen am Zielpunkt muss durch Neigung und Aufbau zuverlässig verhindert werden.

Trotzdem raten wir ab: Die Einschätzung ist schwierig und oft werden die rutschenden Personen durch die geringe Reibung zu schnell und schlagen mehr oder weniger stark am Landepunkt an. Dies würde wiederum die Installation einer Bremse notwendig machen – deren Nachteile weiter oben beschrieben wurden.

Aktion: Die Seilrutsche wird mit Brust- / Hüftgurtkombination und Helm „beflogen". Die Länge der Bandschlingen muss so gewählt sein, dass die rutschenden Personen die Tragseile keinesfalls mit den Händen erreichen können – üble Verbrennungen wären die Folge.

Sorgen Sie dafür, dass lange Haare unter dem Helm verstaut werden!

Variationen: –

Sicherheitshinweis: Die Seilrutsche ist ein komplizierter und sicherheitstechnisch schwer zu realisierender Seilaufbau. Unterschätzen Sie diese Aktion nicht – im Zweifelsfall sollten Sie kompetente Unterstützung zu Rate ziehen!

# 4 Sicherungs-maßnahmen und sicherheits-technische Interventionen

Leitungspersonen sind nicht nur für einen sicherheitstechnisch korrekten Aufbau, sondern auch für geeignete Absicherungs- und Rettungsmaßnahmen während der Spiele und Aktionen verantwortlich. Schließlich können Sie den Pechvogel, der sich mitten über der Schlucht an der Seilbrücke hängend das T-Shirt derart in den Karabiner gewurstelt hat, dass er nicht mehr vom Fleck kommt, nicht einfach zur Dörrpflaume degradieren und hängen lassen.

Notfalls müssen Sie dann geeignete Maßnahmen ergreifen und den blockierten Teilnehmer aus seiner misslichen Situation befreien. Für solche Situationen es keine Patentrezepte – es schadet aber nicht, sich vorab mit möglichen Szenarien und ihrer Bewältigung auseinanderzusetzen.

Zu unterscheiden sind folgende Interventionsmöglichkeiten:

## 4.1   Die Stopp-Regel

Sie müssen in der Lage sein, bei Gefahr oder bei sicherheitstechnisch zweifelhaften Lösungsansätzen alle Aktionen mit einem Wort schlagartig zu beenden. Hierzu muss im Vorfeld vereinbart werden, dass bei dem Ruf „Stopp" jede Aktion in der Gruppe unterbrochen wird und die Teilnehmer an ihrer jeweiligen Position verbleiben.

Nach Klärung des Problems kann dann weiter gearbeitet werden – entscheidend ist, dass der Ruf „Stopp" zum einen laut und deutlich erschallt und zum anderen auch nur dann eingesetzt wird, wenn es wirklich notwendig ist (vgl. Kap. 6.3.2). Wenn Sie bei jeder Kleinigkeit „Stopp" schreien, erlahmt die Aufmerksamkeit und Sie werden im entscheidenden Moment nicht mehr Ernst genommen.

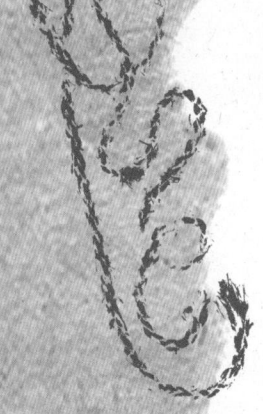

## 4.2 Intervention bei niederen Aufbauten

Schon bei Spielen und niederen Seilaufbauten können sicherheitstechnisch kritische Situationen auftreten, die durch geeignete Maßnahmen entschärft werden können. Einige Beispiele:

### Spotten

Die Sicherungstechnik des Spottens wird häufig beim Sportklettern und v. a. dem Bouldern eingesetzt, um boden-nah kletternde Personen im Falle eines Sturzes abfangen zu können.

Dazu stellen sich Teilnehmer schräg unterhalb der zu sichernden Person auf und nehmen mit ausgestreckten Händen eine auffangbereite Position ein. Da Personen auf Seilen im Gegensatz zu der Situation an der Kletterwand nach zwei Seiten „ab-stürzen" können, muss auch nach beiden Seiten abgesichert werden. Im Detail sollen

- immer mindestens zwei Teilnehmer spotten,
- die Handflächen immer nach oben zeigen und die Arme nicht ganz durchgestreckt sein, weil nur so ein Sturz weich abgefangen werden kann
- die Sicherungspersonen im Ausfallschritt und mit leicht gebeugten Knien stabil und sicher stehen,
- die Sicherungspersonen aufmerksam sein.

Prüfen Sie, ob diese Form der Sicherung ausreichend ist oder ob weitere Sicherungsmaßnahmen (z. B. Seilsicherung) ergriffen werden müssen.

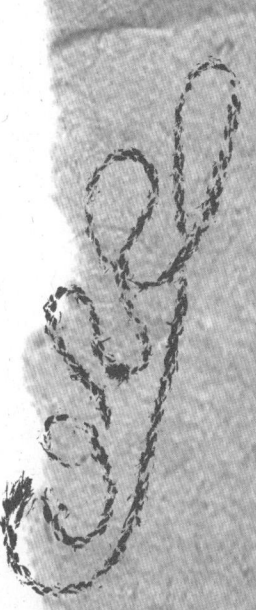

## Flexible Seilverankerungen

In bestimmten Situationen kann es sinnvoll sein, das Seil nicht zu fixieren, sondern es flexibel zu befestigen. Dies ist z. B. beim „*Elektrischen Draht*" (vgl. Kap. 2, Seite 65) der Fall: Hier wird das zu überwindende Seil nur auf einer Seite fixiert, das andere Ende des Seils wird von der Leitungsperson an ihrem Körper nur so gehalten, dass es sofort losgelassen werden kann, falls ein Teilnehmer am gespannten Seil hängen bleibt. Auf diese Weise kann Verletzungen vorgebeugt werden.

Auch beim „Spinnennetz" (vgl. Kap. 2, Seite 62) hat es sich bewährt, die obere und untere Begrenzung aus einem Gummiseil (Zauberschnur) herzustellen. Im Falle eines Absturzes beim Durchreichen von Teilnehmern gibt so der gesamte Aufbau nach und es kann kaum zu Verletzungen kommen.

## Schwingungsdämpfer

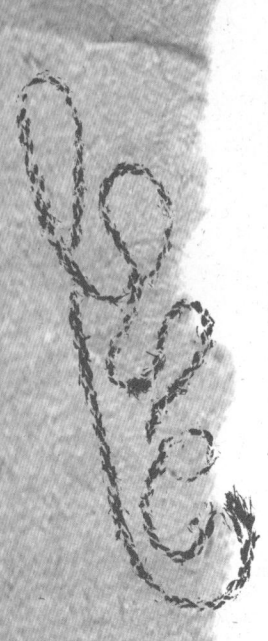

Bei verschiedenen Balancieraktionen (Kap. 3) wurde immer darauf hingewiesen, dass das Balancierseil nicht über Schritthöhe gespannt werden sollte. Hintergrund ist die Gefahr, dass das gespannte Seil bei einem plötzlichen Abgang „hochschnalzen" kann und den Begeher schmerzhaft trifft. Dies kann verhindert werden, wenn sich zwei Teilnehmer vor und hinter der balancierenden Person in seitlich sitzender Haltung über dem Seil mitbewegen und es zusätzlich locker in den Händen halten. Im Falle eines unvermuteten Abgangs können sie dann das unvermeidliche Nachschwingen des Seils abdämpfen.

## 4.3 Intervention bei hohen Aufbauten

Bei hohen Aufbauten wie zum Beispiel der „Seilbrücke" (vgl. Kap. 3, Seite 92) oder dem „Hohen Gang" (vgl. Kap. 3, Seite 88) können Situationen auftreten, in denen Teilnehmer bei der Begehung derart blockiert sind oder werden, dass sie sich aus eigener Kraft nicht mehr weiterbewegen können. Solche Situationen können entstehen durch:

- Einziehen von Haaren, Kleidungsstücken, Helmbändern o. Ä. in Rollen oder Karabiner
- technische Ursachen: Blockaden von Rollen oder Verklemmen von Karabinern
- psychische Blockaden (Angst)

Können die blockierten Teilnehmer vom Boden aus nicht mehr erreicht werden, sind grundsätzlich zwei Interventionsformen denkbar:

### *Eine Leiterperson begibt sich über das gespannte Seil zur blockierten Person.*

Diese Lösung setzt voraus, dass der Leiter die notwendige Ausrüstung und die notwendigen technischen Fähigkeiten besitzt. Welche Maßnahmen er konkret ergreifen muss, hängt von der jeweiligen Blockade ab und kann an dieser Stelle nicht in allen denkbaren Fällen beschrieben werden. Allerdings ist in jedem Falle notwendig, dass

- der Leiter zumindest einen Hüftgurt trägt und einige Schlingen und Karabiner bereit hält.
- der Leiter ein scharfes Messer bei sich hat (bei eingezogenen Haaren oder Kleidungsstücken hilft manchmal nur das Herausschneiden).
- ein Hilfsseil bereit liegt, mit dem sowohl der Retter als auch die blockierte Person zurückgezogen oder abgelassen werden können.

### *Das gesamte gespannte System (also z. B. die Seilbrücke) wird samt blockierter Person abgelassen.*

Diese Intervention kann nur selten eingesetzt werden und unterliegt einigen Voraussetzungen:

- Der Seilaufbau führt über eine Mulde o. Ä., deren Boden nicht zu weit entfernt ist.
- Die Fixierungen an den Anschlagpunkten lassen ein Ablassen zu und es wurde genügend Restseil vorgesehen.
- Die Person hängt etwa in der Mitte des Seils.
- Die Person ist durch einen technischen Defekt blockiert (Ein Ablassen bei einer Blockade, bei der die Haare oder ein Kleidungsstück eingezogen sind, kann je nach Hängepunkt sehr schmerzhaft sein!).
- Es sind genügend Personen für ein sicherheitstechnisch korrektes Ablassen anwesend.

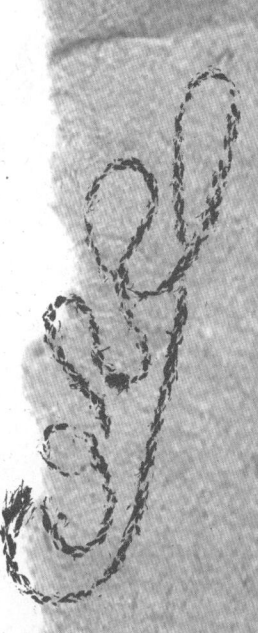

Grundsätzlich gibt es keine ideale, immer funktionierende sicherheitstechnische Interventionsmöglichkeit – die Art der Rettung hängt zu sehr von den jeweiligen Umständen ab und muss immer situativ beurteilt werden.

Von Ihnen als Leiter wird im Falle eine Falles eine Menge verlangt. Es ist deshalb sinnvoll, wenn Sie sich vorab mit den möglichen Szenarien beschäftigen und die Rettung einer blockierten Person nicht nur theoretisch durchdenken, sondern auch praktisch üben. Nur dann haben Sie in der Hektik des Augenblicks die nötige Ruhe und Gelassenheit, mit der unerwarteten Situation umzugehen und sie schnell und sicher zu lösen.

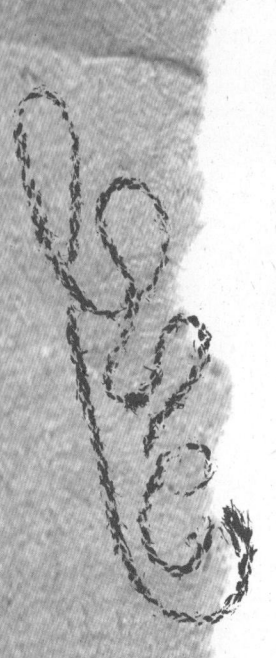

# 5    Zusammen-
fassung

**Das Wichtigste auf einen Blick**

Zugegeben – die Materie ist kompliziert und nach der Lektüre der vorangegangenen Seiten kann man schon mal den Überblick verlieren. Deshalb hier noch einmal eine Zusammenfassung der wichtigsten Regeln und Hinweise für einen sicheren Aufbau.

## 5.1 Technik:

- Verwenden Sie nur genormtes Material!
- Aber: Verzichten Sie auf Twistlock – Karabiner, auch wenn sie genormt sind!
- Arbeiten Sie bei hohen Aufbauten immer redundant!
- Verzichten Sie in Flaschenzügen auf Prusikschlingen!
- Ziehen Sie beim Spannen nie mit mehr als 5 Personen!
- Verzichten Sie bei Seilaufbauten prinzipiell auf den Einsatz gezahnter Rücklaufsperren (Tibloc, Jümar, etc.)!
- Benutzen Sie keine Gardaschlinge als Rücklaufsperre!

## 5.2 Betreibung:

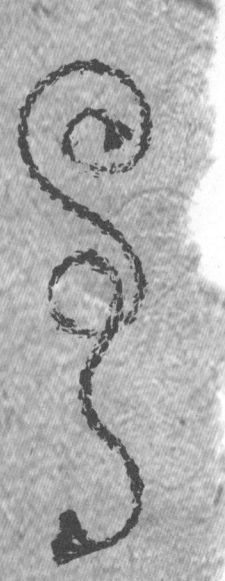

- Arbeiten Sie auch bei der Betreibung redundant und wenden Sie den Partnercheck und das Vieraugenprinzip an. Alle Aufbauten sollten möglichst von zwei kundigen Personen geprüft werden. Dieser Check schließt alle sicherheitstechnisch relevanten Elemente des Aufbaus und der Ausrüstung sowie der anschließenden Begehung durch die Teilnehmer ein.
- Trainieren Sie den jeweiligen Seilaufbau *vor der Aktion* erst mal in aller Ruhe mit einem erfahrenen Kollegen. Ideal ist es, wenn dieser Test an dem Ort stattfindet, der auch für den „Ernstfall" vorgesehen ist.
- Begehen Sie Ihren Testaufbau selbst – erstens kriegen Sie dann schnell heraus, ob die ganze Sache hält und zweitens können Sie besser einschätzen, welche akrobatischen Meisterleistungen ihrer Klientel abverlangt werden. Lassen Sie sich im Zweifelsfall sichern (z. B. bei der Seilrutsche) und gehen Sie auch für die eigene Person kein Risiko ein.
- Setzen Sie sich bewusst mit vorhandenen Risiken auseinander und klären Sie die Teilnehmer darüber auf! Verfahren Sie nicht nach der Devise „Es wird schon gut gehen", wenn Sie sich unsicher fühlen! Ziehen Sie in solchen Fällen eine erfahrene und kompetente Person hinzu!
- Klären Sie alle Teilnehmer über die Risiken auf. Regeln und Sicherheitsaspekte müssen deutlich kommuniziert werden. Passen Sie die Aktivitäten an die Teilnehmer an und nicht umgekehrt!
- Das, was Sie von den Teilnehmern verlangen, sollte auch für Sie gelten. Wenn Sie also von der Gruppe in bestimmten Aktionen das Aufsetzen des Helmes verlangen, dann tun Sie das auch.
- Vermeiden Sie ökologische Beeinträchtigungen (vgl. Kap. 7).

## 5.3  Organisation:

- Klären Sie im Vorfeld den Gesundheitszustand der Teilnehmer ab. Dies kann zum Beispiel über einen medizinischen Selbstauskunftsbogen geschehen. Die entscheidenden sicherheitsrelevanten Aspekte müssen Sie in jedem Fall abfragen. Dazu gehören insbesondere Wirbelsäulenprobleme, gerade überstandene Schulterluxationen und allgemeine Gelenkprobleme, Piercings (diese können ausreißen) u. a. mehr.
- Alle Leitungspersonen sollten ein Handy besitzen und die Telefonnummern ihrer Kollegen und die Nummern der Rettungsdienste eingespeichert haben.
- Sorgen Sie für eine ausreichende Versicherung der Leitungspersonen und der Teilnehmer. In Frage kommen Unfall-, Haftpflicht- und Rechtsschutzversicherung.
- Allen Leitern und Teilnehmern sollte der Ort bekannt sein, an dem das Erste-Hilfe-Material deponiert ist.
- Absolvieren Sie einen Erste-Hilfe-Kurs!
- Dokumentieren Sie (am besten in standardisierter Form) alle auftretenden kritischen Situationen (Zwischenfälle, Unfälle, Beinah-Unfälle) und kommunizieren Sie die Ergebnisse. Sie tragen damit zu einem guten Qualitätsmanagement bei und verhindern, dass anderen Leitungspersonen ähnliche Missgeschicke passieren.[1]
- Informieren Sie sich regelmäßig über sicherheitstechnische und andere Neuerungen bei Bau und Betrieb von mobilen Aufbauten mit Statikseilen. In Frage kommen die einschlägige Fachliteratur sowie Vereine und Verbände.

---

[1]  Ein Forum zur Kommunikation von Vorfällen aller Art bieten die European Ropes Course Association (ERCA) und die Internetseite www.praxisfaelle.de

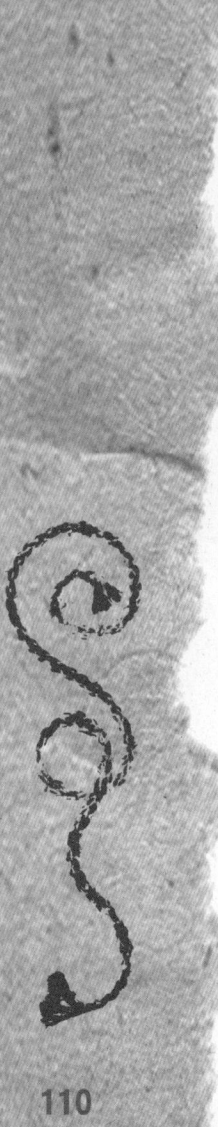

# 6 Hinweise zur Pädagogik

Schon zu Beginn dieses Buches haben wir darauf hingewiesen, dass wir die einschlägige Pädagogik nur knapp und in Ansätzen behandeln wollen – vor allem deshalb, weil hier bereits eine reichhaltige Fachliteratur existiert.[1]

Trotzdem wollen wir es nicht versäumen, Ihnen ohne Anspruch auf Vollständigkeit einige Tipps und Ratschläge hinsichtlich des Leitungsverhaltens bei den weiter oben beschriebenen Spielen und Abenteueraktionen zu geben.

## 6.1  Planung

Im ersten Schritt geht es darum, Spiele und / oder Aktionen auszuwählen. Diese Auswahl hängt u. a. von der zur Verfügung stehenden Zeit, dem Alter der Teilnehmer und insbesondere von dem pädagogischen Ziel ab, das Sie verfolgen. Wenn es Ihnen beispielsweise primär um eine Verbesserung der kommunikativen Fähigkeiten in Verbindung mit der gemeinsamen Entwicklung einer Strategie in der Gruppe geht, könnte „Das Spinnennetz" eine geeignete Aktivität sein. Eine „Seilrutsche" wäre möglicherweise eher angebracht, wenn es darum geht, in einer herausfordernden Situation eine Entscheidung („Springe ich oder springe ich nicht?") zu treffen.

Grundsätzlich sollten Sie darauf achten, der Gruppe Aufgaben zu stellen, die sie auch lösen kann. Sie wissen selbst am besten, wo Ihre Gruppe steht und was Sie ihr zumuten können. Fordern, aber nicht Überfordern ist hier die Devise.

In Spiel- oder Aktionsketten ist es sinnvoll, die Schwierigkeiten langsam zu steigern und nicht gleich mit dem größten Problem dieses Buches anzufangen. Bauen Sie die Schwierigkeiten langsam in einem Spannungsbogen auf und geben Sie Ihren Gruppenmitgliedern die Gelegenheit, ihre Fertigkeiten und Fähigkeiten dosiert und kontinuierlich zu entwickeln.

Planen Sie genügend Zeit ein! Weniger ist in diesem Zusammenhang oft mehr – ein probates Mittel ist, schon im Vorfeld Alternativen vorzusehen und flexibel auf den geplanten Verlauf zu reagieren. Verzichten Sie bei auftretendem Zeitmangel lieber auf eine Aktion aus der geplanten Reihe, als sich sklavisch an den vorgesehenen Ablauf zu halten.

Die Erfahrung zeigt auch, dass die einzelnen Aktivitäten oft länger dauern, als Sie es im Vorfeld eingeplant haben. Es ist deshalb besser, eine kurze Aktionskette zu planen und an diese bei genügend Zeit noch etwas dranzuhängen, als eine lange Kette zu planen, die dann „abgeschnitten" werden muss.

---

[1]  z. B. Sonntag (2002)

## 6.2 Präsentation

### 6.2.1 Allgemeines

Die Phase der Vorstellung der jeweiligen Aktivität nimmt in der Reihe der Anleitungsaufgaben eine Schlüsselposition ein. Hier werden die Weichen für den weiteren Ablauf gestellt – eine gute und durchdachte Vorstellung dessen, was dann folgen soll, ist oft die halbe Miete und bereitet den Boden für die erfolgreiche Durchführung.

Grundsätzlich gilt:

- Sorgen Sie für eine lockere, aber konzentrierte Atmosphäre. Alle Teilnehmer sollten aufmerksam und nicht abgelenkt sein. Schließen Sie Störungen möglichst aus.
- Stellen Sie die Aufgaben und Aktionen klar und deutlich dar. Jedes Gruppenmitglied muss wissen, um was es geht. Räumen Sie den Teilnehmern am Ende der Präsentation Zeit ein, um Fragen zu stellen und Missverständnisse zu klären.
- Wecken Sie Neugierde bei Ihren Teilnehmern. Wenn es Ihnen gelingt, Interesse zu wecken und Spannung aufzubauen, steigern Sie auch die allgemeine Bereitschaft, sich auf die kommenden Herausforderungen einzulassen.

### 6.2.2 Anmoderation

Die Anmoderation ist zentral wichtig – hier binden Sie die Aufgabe in den pädagogischen Kontext ein. Es geht darum, in Abhängigkeit von Ihrem pädagogischen Ziel den Teilnehmern Hintergrund und Sinn der folgenden Aktivität klar zumachen. Der pädagogische Bezug kann fokussiert, in Aktionsketten Bezug auf Vorangegangenes genommen werden: „Beim elektrischen Draht habt ihr gelernt, dass die Entwicklung und Einhaltung einer gemeinsamen Strategie zum Ziel führt. Das hat schon gut geklappt. Ich biete Euch jetzt an, diese Fähigkeit weiter zu verbessern und stelle Euch Eure nächste Aufgabe vor: Das Spinnennetz."

Die Art der Anmoderation hängt wesentlich von dem Lernmodell ab, in dem sich die TeilnehmerInnen bei der Lösung der Aufgabe bewegen. Einige Beispiele:

- Wenn Sie möchten, dass das Lernen bei den Teilnehmern weitgehend selbstbestimmt abläuft, beschränken Sie sich in der Anmoderation auf die Informationen, die für den Ablauf relevant sind – also Regeln und Sicherheitshinweise. Das Lernen kann hier durch eine anschließende Reflexion oder durch eine Belehrung gesichert werden.
- Eine andere Möglichkeit stellt das Lernen über Zielvorgaben (frontloading) dar, die über die Aufmerksamkeit, Sinneskanäle o.a. fokussiert: „Wenn Ihr jetzt in die Aufgabe einsteigt, dann achtet darauf, dass alle Lösungsvorschläge gehört und diskutiert werden, bevor Ihr eine Strategie auswählt."

- Lernen kann auch stattfinden, wenn der metaphorische Bezug zwischen der Aufgabenstellung und der Lebensrealität der Teilnehmer dargestellt wird. So könnte bei einer Studentengruppe, die kurz vor der Prüfung steht, die zu überwindenden Seilbrücke als Metapher für aktuelle Situation benutzt werden. Die Metapher kann hierbei von Ihnen eingeführt („Wenn ihr jetzt über die Seilbrücke geht, dann steht dieses Ufer für die Schule und das jenseitige Ufer für die Situation danach. Die Seilbrücke ist das, was dazwischen steht …") oder aber mit den TeilnehmerInnen erarbeitet werden („Wenn ihr an die Seilbrücke denkt – für was könnte die in eurer jetzigen Situation stehen?").

### 6.2.3 Regeln

#### 6.2.3.1 Grundsätzliches

Unter Regeln sind zum einen die Regeln zu subsumieren, die für das jeweilige Spiel oder die jeweilige Aktion relevant sind. Da sich diese Regeln von Fall zu Fall ändern, müssen sie zu Beginn einer jeden Aktivität neu erfasst und erklärt werden. Dabei ist es zentral wichtig, dass eine vollständige Darstellung erfolgt. Regeln (oder Teile davon), die Sie nachschieben, werden oft als eine vom Leiter ausgehende ungerechtfertigte zusätzliche Verschärfung der Aufgabe verstanden und dann mit einem „Das haben wir aber nicht gewusst" oder „Das hättest Du auch vorher sagen können" kommentiert. Dieses „Draufsatteln" von Regeln unterbricht und stört auch die Phase der Zusammenarbeit in der Gruppe enorm und führt oft genug dazu, dass mühsam erarbeitete Strategien in sich zusammenfallen, weil sie wegen der „neuen" Regel nicht mehr umgesetzt werden können.

Neben diesen „spielrelevanten" Regeln existieren noch allgemeingültige Vereinbarungen, die grundsätzlich zu Beginn aller Aktivitäten eingeführt werden müssen und auf die in den folgenden Aktionsphasen nur noch bei Bedarf erneut hingewiesen wird. Eine Leitlinie können dabei die von „project adventure" entwickelten Prinzipien des „Adventurebased Counseling" sein.[2] Diese Prinzipien konkretisieren sich in zwei Feldern:

---

[2] Schoel, J., Prouty, D., & Radcliffe, P. (1988).

### Full Value Contract

- Verständnis von Gruppenzusammengehörigkeit
- Einzel- und Gruppenziele sind der Gruppe bewusst
- An vereinbarten Sicherheitsvorgaben und Verhaltensrichtlinien wird festgehalten
- Konstruktive Kritik kann immer geübt werden und wird auch akzeptiert, um Verhalten ändern zu können

### Challenge by choice

- Mit Unterstützung der Gruppe kann etwas Neues ausprobiert werden
- Die Aufgabe / Herausforderung kann abgelehnt werden
- Persönliche Grenzen können wahrgenommen werden
- Der Prozess ist wichtiger als das Ergebnis
- Wertschätzung von individuellen Entscheidungen / Ideen

Hier ist anzumerken, dass „Challenge by choice" als Bestandteil des Wertevertrages, den die agierenden Gruppenmitglieder untereinander abschließen, oft genug auf die Möglichkeit reduziert wird, eine Aufgabe oder eine Herausforderung ablehnen zu können. Tatsächlich beschreibt der Begriff mehr als das (s.o.).

Auch lauert hier eine Falle: Die qualifizierte Annahme oder Ablehnung einer Herausforderung setzt voraus, dass die betreffende Person das Risiko, das sie erwartet, auch einschätzen kann. Bei einer Seilbrücke ist das Risiko, durch Seilriss in die Schlucht oder den Fluss zu stürzen, auch für unerfahrene Teilnehmer offensichtlich. Nicht ohne weiteres erkennbar ist aber das Risiko, sich bei einer aktiven Überquerung der Seilbrücke die Finger an den mitlaufenden Rollen einzuklemmen – welches bei sicherheitstechnisch korrektem Aufbau auch höher als der Absturz sein dürfte.

Insofern ist es Ihre Aufgabe als Leiter, alle Risiken und auch deren Bewältigung so anschaulich wie möglich zu kommunizieren. Unter dieser Voraussetzung können Teilnehmer im Hinblick auf die Herausforderung zum einen eine qualifizierte Entscheidung treffen – zum anderen setzen die vorgeschlagenen Bewältigungsstrategien u.U. Selbstwirksamkeitserfahrungen in der Aktion frei.

### 6.2.3.2 Zum Umgang mit Regeln

Regeln sind – sofern keine sicherheitsrelevanten Vorgaben verletzt werden – auch innerhalb eines Spiels oder einer Aktion nicht unveränderlich. Manchmal kann es im Hinblick
auf den Gruppenprozess sinnvoll sein, die in der Anmoderation vorgestellten Regeln
anders zu interpretieren, sie zu verändern oder den Regelbruch zu ignorieren, um diese
dann in der Reflexion zum Thema zu machen. Dabei kann der Anstoß für eine Regel-
veränderung sowohl vom Leiter als auch von den Teilnehmern ausgehen.
Einige Beispiele:

#### *Regelanpassung durch den Leiter*
Eine Gruppe versucht schon längere Zeit, den „Elektrischen Draht" zu überwinden.
Dabei kommt es immer wieder zu Berührungen des Seils, weil einige Teilnehmer aufgrund ihrer beschränkten körperlichen Fähigkeiten an ihre Grenzen kommen. Der Leiter
teilt der Gruppe mit, dass er die Aufgabe auch bei einer maximal dreimaligen Berührung
des Seils als gelöst betrachten wird.

Diese Form der Regelanpassung birgt die Gefahr, dass die Gruppe künftig bei
Schwierigkeiten in der Umsetzung der Aufgaben auf eine Erleichterung des Leiters
spekuliert und sich nicht mehr voll engagiert. Insofern sollte diese Intervention nur
dosiert eingesetzt werden.

#### *Verlagerung der Regelkontrolle*
Eine Gruppe berührt bei der
Durchquerung der „Spinnen-
netzes" aufgrund von Unaufmerk-
samkeiten immer wieder das Seil.
Der Leiter gibt seine Kontroll-
funktion ab und erklärt, dass die
Gruppe fortan selbst für die Einhaltung der Regel „Das Seil darf
nicht berührt werden." verantwortlich ist.

Oft führt dies dazu, dass die Gruppe noch genauer auf die Regeleinhaltung achtet, als
es der Spielleiter vorher getan hat. Tritt das Gegenteil ein und die Gruppe legt die Regel
äußerst großzügig aus, kann dies zum Thema einer Zwischenreflexion gemacht werden:
„Wie zufrieden seid ihr nun mit der Lösung der Aufgabe?"

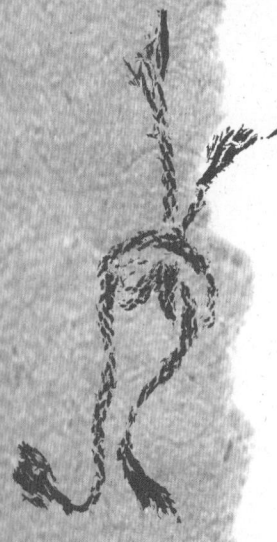

**Kreative Regelveränderungen**

Beim Spiel „Bola" gilt die Regel, dass bei Seilberührung die seilschwingende Person in der Mitte des Kreises ausgetauscht wird – und zwar mit der Person, die das Seil

berührt hat. Nun ist der Seilschwinger in der Mitte besonderes bei Kindern und Jugendlichen eine attraktive Position, weshalb es im Außenkreis zu absichtlichen Berührungen kommen kann.

Vor dieses Problem gestellt ersann eine Schülergruppe eine neue Regel: Wer absichtlich das Seil bremst oder berührt, muss zehn Liegestütze machen und darf nicht in die Position des Seilschwingenden wechseln. Die Entscheidung treffen die Teilnehmer selbst.

## 6.3   Durchführung

### 6.3.1   Allgemeines

Grundsätzlich sind die pädagogischen Möglichkeiten der in diesem Buch vorgestellten Spiele und Aktionen mit dem Seil vielfältig und in breitem Umfang nutzbar. Das Spektrum reicht von Spielen wie zum Beispiel dem „Rattenschwanz" (vgl. Kap. 2, Seite 56), das eine eher langweilige Wegstrecke während einer Wanderung auflockert, bis hin zu aus pädagogischer Sicht äußerst attraktiven, komplexen Problemlöseaufgaben, bei denen der Aufbau als zusätzliches Lernfeld integriert wird.

In letzterem Kontext könnte die Anweisung zum Bau und zur Begehung einer Seilbrücke als Problemlöseaufgabe für eine Gruppe von etwa 10 Personen folgendermaßen lauten:

> „Es ist Eure Aufgabe, über diesen Fluss eine Seilbrücke zu konstruieren; dabei müssen alle sicherheitsrelevanten Systeme redundant aufgebaut werden. Alle Gruppenmitglieder und die gesamte Ausrüstung soll die andere Seite erreichen, lediglich eine Person darf dabei nass werden. Diese Person darf allerdings kein Material durch den Fluss transportieren. Aufgrund von Handicaps können vier Personen die Brücke nicht aktiv überqueren – es muss also ein System für eine passive Beförderung installiert werden. Für die Lösung dieser Aufgabe habt Ihr anderthalb Stunden Zeit."

Die Ausrüstung besteht aus einer definierten Anzahl von Statikseilen, Schlingen und Karabinern, einem Wollknäuel sowie Pfeil und Bogen.

Solche settings verlangen von Ihnen als Leiter ein hohes Maß an pädagogischem Know-how, Erfahrung und Einfühlungsvermögen. Der Schwierigkeitsgrad lässt sich leicht über das Material und die zur Verfügung stehende Zeit steuern. Wichtig ist dabei, sich an der Situation der jeweiligen Gruppe zu orientieren. Fragen wie: „Kann die Gruppe jetzt ein Scheitern verkraften?" oder „Welche Hilfen sind zu welchem Zeitpunkt sinnvoll?" sind nicht immer eindeutig zu beantworten und ein ständiger Begleiter in derartigen Lernarrangements.

Aus Sicht der Teilnehmer sind die Aufgaben meist subjektiv anspruchsvoll und mit potentiellen Gefahren (den Sturz in den reißenden Fluss) behaftet. Demzufolge „menschelt" es gehörig beim Hantieren mit Seil und Karabiner: Theoretiker indoktrinieren erfolglos die Praktiker und die am Rande stehenden Skeptiker sehen schon die ganze Seilbrücke im Bach landen. Verschüttete wie akute Konflikte brechen auf und die dünne Tünche der Zivilisation bröckelt zuweilen angesichts schwindender Ressourcen an Zeit und Material. Auch wird viel von den Leitern verlangt: Sie müssen aufmerksam Gruppenprozesse beobachten, in den richtigen Momenten und vor allem nicht zu früh korrekt und zielführend intervenieren und dabei das ganze sicherheitstechnisch „im Griff" haben – also die ad hoc entstehenden gefährlichen Situationen erkennen und auflösen können.

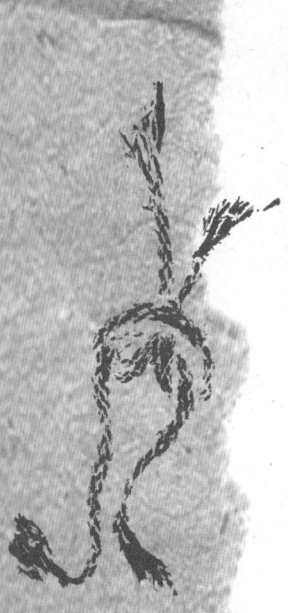

*Hierzu einige Tipps:*

- Wenn Ihre Gruppe am Werk ist, wird Ihre Geduld wahrscheinlich auf eine harte Probe gestellt. Dies ist vor allem dann der Fall, wenn die Lösung partout nicht gefunden wird und Sie mit fortschreitender Zeit immer stärker den Drang verspüren, Hilfen für die Lösung geben zu müssen. **Versuchen Sie, sich zurückzuhalten** – auch wenn es schwer fällt! Sehen Sie es mal so: Wenn Sie zu früh helfen, nehmen Sie Ihrer Gruppe die Chance, die Lösung doch noch selbst zu finden und damit das Erfolgserlebnis.

- Grundsätzlich haben **Störungen Vorrang**. Bei massiven Konflikten oder auch dann, wenn sich Gruppenmitglieder aus dem Geschehen zurückziehen, weil u. U. ihre Vorschläge nicht gehört wurden, sollten Sie eine Intervention in Erwägung ziehen.

- Die Frage, ob Sie als Leiter sich an einem **Spiel oder einer Aktion beteiligen** können (oder sogar sollen) oder nicht, ist nicht immer eindeutig zu beantworten. Bei auflockernden Spielen ist ein Einschluss der Leiterperson sicher kein Problem und auch erwünscht – hier trägt ein Mitspielen zu einer besseren Einbindung in die Gruppe bei.
  Anders sieht es bei Problemlöseaufgaben wie beispielsweise dem oben beschriebenen setting „Seilbrücke" aus: Hier benötigt der Leiter einen freien Kopf, um Sicherheitshandeln und Gruppenprozesse beobachten und im richtigen Moment intervenieren zu können. Außerdem wird er als Gruppenmitglied sehr schnell in die Rolle des Fachmanns gedrängt werden, der diesen oder jenen Knoten kann und die Lösung sowieso schon im Kopf hat. Insofern raten wir in „pädagogischen" settings von der Beteiligung der Leiter an den Aktionen ab.

- Trotzdem sind Sie – auch wenn Sie nicht direkt an der Aktion beteiligt sind – für die Gruppe immer noch existent und werden in Ihren Reaktionen auf die mehr oder weniger erfolgreichen Versuche der Gruppe genauer beobachtet, als Ihnen lieb ist. Hier ist es wichtig, immer präsent zu sein, aber verbale wie nonverbale Reaktionen auf Geschehnisse in der Aktion zu vermeiden – es sei denn, Sie intervenieren. Vermeiden Sie auch möglichst Nebengespräche mit anderen Leiterpersonen.

### 6.3.2  Intervention

Interventionen sind immer Unterbrechungen, die der Leiter bewusst zur Beeinflussung des Sicherheitshandelns der Teilnehmer und des Gruppenprozesses einsetzt. Trotzdem sind Interventionen immer auch Störungen des Ablaufs und sollten deshalb so sparsam wie möglich eingesetzt werden.

Mit Blick auf die Umsetzung bieten sich verschiedene Formen von Interventionen an – zunächst ist es aber sinnvoll, die möglichen Anlässe von Interventionen näher ins Auge zu fassen.

#### 6.3.2.1  Interventionsanlässe

Form und Zeitpunkt einer Intervention hängt stark von der Frage ab, ob der in der Aktion auftretende Fehler sicherheitsrelevant oder nicht sicherheitsrelevant ist.

Ist der Fehler sicherheitsrelevant, kann nachfolgendes Schema als Muster für mögliche Leiterreaktionen dienen:

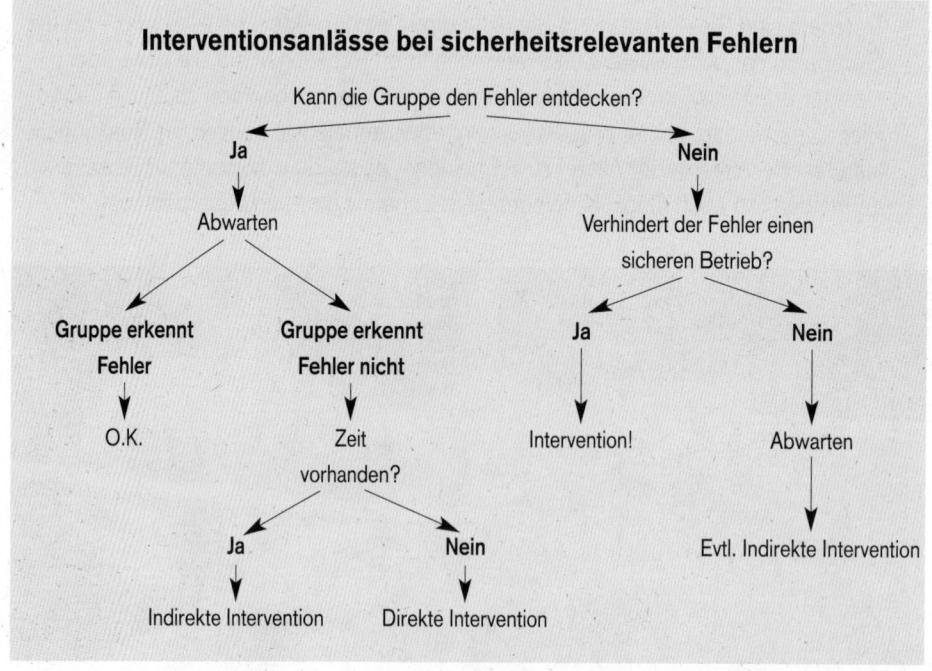

**Interventionsanlässe bei sicherheitsrelevanten Fehlern**

Kann die Gruppe den Fehler entdecken?

Ja → Abwarten

- Gruppe erkennt Fehler → O.K.
- Gruppe erkennt Fehler nicht → Zeit vorhanden?
  - Ja → Indirekte Intervention
  - Nein → Direkte Intervention

Nein → Verhindert der Fehler einen sicheren Betrieb?

- Ja → Intervention!
- Nein → Abwarten → Evtl. Indirekte Intervention

Hieraus kann gefolgert werden, dass bei sicherheitsrelevanten Fehlern, die die Gruppe nicht entdeckt, eine Intervention immer notwendig wird. Ob diese direkt oder indirekt erfolgt, hängt von der zur Verfügung stehenden Zeit ab.

Bei nicht sicherheitsrelevanten Fehlern ist das Reaktionsmuster des Leiters generell „weicher" – er kann (v. a. deshalb, weil oft nicht unmittelbar reagiert werden muss) differenzierter und auf indirekterem Weg vorgehen. Trotzdem ist auch bei einem nicht sicherheitsrelevanten Fehler ein Scheitern der Gruppe möglich. Ob Sie hier intervenieren oder nicht, hängt dann eher von pädagogischen Erwägungen ab. Als Leitlinie könnte z. B. die Frage dienen, ob die Gruppe zum gegenwärtigen Zeitpunkt ein Scheitern verkraften kann und wie sie mit dem Scheitern umgehen wird.

### 6.3.2.2 Interventionsformen

Interventionen können prinzipiell direkt oder indirekt und hier verbal oder nonverbal erfolgen.
Hierzu einige Beispiele:

> Eine *direkte nonverbale Intervention* kann über vorher vereinbarte Zeichen erfolgen – der hochgehaltene Daumen symbolisiert: Alles o.k. und im grünen Bereich.
>
> *Indirekte nonverbale Interventionen* können in Form von Ortsveränderungen des Leiters eingeleitet werden: Ein Gruppe arbeitet am Spinnennetz nicht konzentriert – es kommt immer wieder zu Berührungen der „Spinnenfäden". Der Leiter verändert seine Position und stellt sich direkt neben das Spinnenetz und die agierende Gruppe, um besser sehen zu können.
>
> Eine *direkte verbale Intervention* ist zum Beispiel die Umsetzung der weiter oben beschriebenen „Stopp-Regel". Bei Interventionen, die in Gruppenprozessen notwendig werden, sollten Sie Formulierungen wie: „Ihr müsst das so und so machen" oder „Euer Fehler ist, dass ..." vermeiden. Beschreiben Sie statt dessen die Situation: „Mir fällt auf, dass ..." oder „Ich stelle fest, dass ...", und lassen Sie die Teilnehmer dann die Konsequenzen selbst ziehen.
>
> *Indirekte verbale Interventionen* sind über pädagogische Fragen möglich: Die Gruppe hat sich nach mehrmaligem Scheitern in einer mühsamen Diskussion auf eine neue Strategie zur Überwindung des „elektrischen Drahtes" geeinigt. Sie haben als Leiter den Eindruck gewonnen, dass nicht alle Einwände in gebotenem Maß berücksichtigt und die Meinungen einiger Gruppenmitglieder unter den Tisch gekehrt wurden, um endlich „vorwärts" zu kommen. Sie könnten fragen: „Ihr habt jetzt eine neue Strategie entwickelt und steht vor der Umsetzung. Ist jeder von euch mit dem neuen Plan einverstanden?"

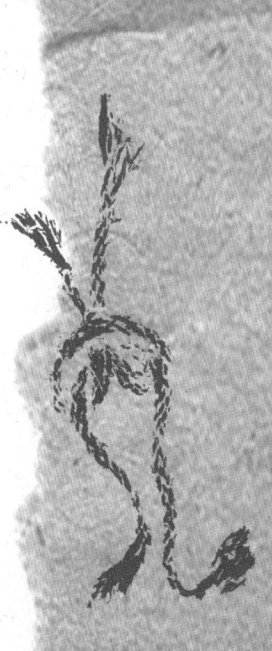

Die obigen Formen sind nicht isoliert voneinander zu sehen – in der Praxis werden sie sich in unterschiedlicher Weise mischen und überschneiden. Auch stellen sie nur eine Auswahl der Möglichkeiten dar – Interventionen über Geschichten sind genauso möglich wie vorab angekündigte Interventionen, die einen komplexen Ablauf in sinnvolle Schritte zerlegen können.

## 6.4. Reflexion

An dieser Stelle beschränken wir uns auf einige wesentliche Tipps und Ratschläge, die im vorgegebenen Kontext wichtig sind und Ihnen als Arbeitshilfe dienen können. Hinsichtlich grundlegender Regeln und der einschlägigen Methodik verweisen wir im Wesentlichen auf die einschlägige Fachliteratur.

- Grundsätzlich gilt: Verbalisierung und Visualisierung gemachter Erfahrungen unterstützen den individuellen Lernprozess.
- Aktion und Reflexion sollten keinen zu großen zeitlichen Abstand haben. In komplexen Aktionen mit Zwischenreflexionen arbeiten – in Spiel und Aktionsreihen also zwischen den einzelnen Elementen.
- „Processing at the edge": Reflexionen müssen nicht immer am Ende einer Aktivität stehen, sie können auch dazwischen (als Unterbrechung) oder sogar am Anfang (Einleitung) stattfinden. Reflexionen können sich auch spontan ergeben.
- Reflexionen sind immer nur Angebote (challenge by choice).

- Reflexionen sind nie komplett planbar. Manchmal kann es sogar ein Fehler sein, zu konkret zu planen, weil sich die Leitung dann bindet und ihr Konzept nur ungern verlässt. Dann kann es sein, dass krampfhaft an etwas herumreflektiert wird, was in der Gruppe gar nicht Thema ist. Für die agierende Gruppe sind nach der Aktion manchmal andere Themen wichtiger als für den Initiator.
- In der Reflexion sollten die Fragestellungen so konkret wie möglich sein. Nur dann erhält man detaillierte und konkrete Antworten!
- Es kann positiv auf die Gruppe wirken, zu Beginn eine Haltung zu präsentieren, die von eigenem Interesse geprägt ist: „Ich will von Euch etwas wissen …", „Ich will Euch etwas sagen …"

In der Durchführung der in diesem Buch vorgestellten Spiele und Aktionen werden Sie oft in „Ketten" arbeiten – also verschiedene Aktivitäten aneinanderreihen. Hier sind Zwischenreflexionen oft vorteilhaft, weil sie die Erfahrungen sichern und das weitere Vorgehen und die darin implizierten pädagogischen Ziele strukturieren können. In aller Regel wird es in den Zwischenreflexionen darum gehen, ausgewählte relevante Sachverhalte mit einem geeigneten methodischen Zugang „auf den Punkt zu bringen".

Die folgenden Reflexionsmethoden stellen eine kleine Auswahl von Methoden dar, die sich gut und schnell im Anschluss an Spiele und Aktionen outdoor und überall durchführen lassen.
Eine Nähe zum verwendeten Material wird hergestellt, wenn Seile, Karabiner, Helme o. Ä. in die Reflexionsmethode integriert werden. Einige Vorschläge:

### Standogramm
Ein Spielseil (oder das Seil, welches bei der Aktion benutzt wurde) wird in einer geraden Linie ausgelegt. Ein Endpunkt des Seils symbolisiert absolute Zustimmung (100 %), das andere Ende absolute Ablehnung (0 %). Auf ein Statement des Gruppenleiters (z. B.: „Bei der vorangegangenen Aktion wurden die Meinungen aller Gruppenmitglieder ausreichend gehört und berücksichtigt.") positionieren sich die Gruppenmitglieder an der Stelle des Seils, die ihrem Grad von Zustimmung / Ablehnung entspricht. Dies kann schweigend ablaufen. In einer Fortsetzung der Reflexion könnten dann die jeweils außen stehenden gebeten werden, die Wahl ihrer Position verbal zu begründen. Dies könnte kurz diskutiert werden, etc.

### Standogramm im Hufeisen
Alternativ könnte der Seilverlauf keine gerade Linie, sondern ein Hufeisen bilden. Diese Form hat den Vorteil, dass sich die Teilnehmer bei der Auswertung im Blickfeld haben und besser miteinander diskutieren können.

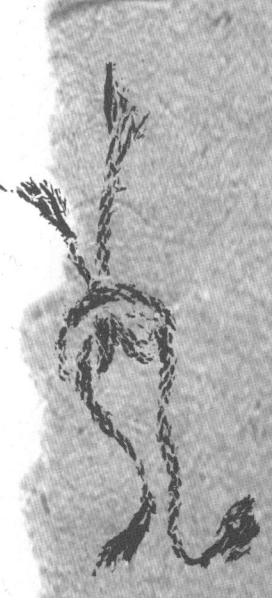

## Standogramm im Kreis

Das Seil wird aufgenommen in die Mitte gelegt und symbolisiert die 100 % - Marke; mit einem zweiten Seil wird der Außenkreis markiert – die 0 % - Marke. Je näher sich die Teilnehmer zum Zentrum stellen, desto größer ist die Zustimmung zur gemachten Aussage. In einer weiteren Variante könnten zum Beispiel Karabiner um ein Seil platziert werden. Je näher der Karabiner am Seil liegt, desto größer ist die Zustimmung.

## Seilverlauf

Jeder Teilnehmer erhält ein etwa 8 – 10 Meter langes Spielseil und die Aufgabe, in ca. 20 Minuten den Verlauf einer komplexen Aufgabe / eine Spielkette / eines Tages mit dem Seil und vor Ort vorhandenen Naturmaterialien oder Geländeformen darzustellen. Dabei können Knoten oder Steine, über die das Seil läuft, für Probleme stehen; es gibt verschlungene Abschnitte genauso wie geradlinige Verläufe; manchmal läuft das Seil sogar zurück; ein zerbrochener Zweig symbolisiert einen „Knackpunkt" im Gruppengeschehen u.v.m. Nachdem alle Teilnehmer ihren „Seilverlauf" fertig gestellt haben, werden die verschiedenen Interpretationen in einem Rundgang der Gruppe vorgestellt.

## Goldfish-bowl[3]

Mit zwei Seilen werden ein innerer, kleinerer und ein äußerer, größerer Kreis ausgelegt. Die Gruppe wird halbiert, ein Teil sitzt im inneren Kreis und bespricht einen bestimmten Sachverhalt. Die andere Gruppenhälfte im größeren Kreis schweigt, hört zu und beobachtet. Nach einigen Minuten tauschen die Gruppen, die nun innen sitzende Gruppe führt die Diskussion weiter oder reflektiert die vorangegangene Diskussion der ersten Gruppe.
*Variante 1:* Eine Person der ersten Gruppe verlässt den inneren Kreis, die Diskussion dort kann aber erst mit einer Ersatzperson fortgesetzt werden.
*Variante 2:* Jeder sitzt zu Beginn im Innenkreis und wechselt nach außen, wenn er seine Statements abgegeben hat. Der Rückblick endet, sobald der Innenkreis leer ist.

## Persönliches Gefühlsdiagramm[4]

Jeder Teilnehmer legt mit einem Seilstück (ca. 5 m) den Verlauf seiner persönlichen Befindlichkeit während einer Aktivität grafisch auf einer Zeitachse dar. Anschließend erläutert er dies einem Partner oder der ganzen Gruppe. Dieses Spiel ist eine sehr gute Kommunikationshilfe, um persönliche Emotionen auszudrücken und so die Bandbreite und Tiefe der erlebten Erfahrungen deutlich zu machen. Auch unterstützen Visualisierung und Verbalisierung gemachter Erfahrungen den individuellen Lernprozess.
Variation: Die Einzeldiagramme werden in einem *Gruppendiagramm* zusammengeführt (z. B. Flipchart) und machen so die individuellen Unterschiede deutlich.

---

[3] Diese Auswertungsmethode stammt von (c) Roger Greenaway
[4] Diese Auswertungsmethode stammt ebenfalls von (c) Roger Greenaway

## Netz weben

Je nach Gruppengröße werden ein oder mehrere Spielseile zu einem großen Knödel zusammengerollt. Danach stellen sich alle Teilnehmer in einem Kreis auf. In der Folge werfen sich die Teilnehmer den Seilknödel einander zu, behalten aber das ablaufende Seil immer in der Hand, so dass nach und nach ein Netz entsteht.

Jeder Teilnehmer teilt der Gruppe je nach Anmoderation des Leiters z. B. eine Einschätzung eines bestimmten Sachverhaltes / ihr persönliches Highlight der vorangegangenen Aktion / eine gemeinsame Erinnerung o. Ä. mit. Dabei steht das sich entwickelnde Netz für die Summe der gemeinsamen Erlebnisse, die alle Gruppenmitglieder miteinander verbindet.

Diese Methode kann sowohl in einer Reflexion als auch als ritueller Abschied eingesetzt werden.


## Reflexionsmethoden ohne Seil

*Punkteblitzlicht:* Nach einer kurzen Bedenkzeit (ca. 1 min) fordert der Gruppenleiter die in einem Kreis stehenden Teilnehmer auf, die Augen zu schließen. Nachfolgend soll ein ausgewählter Sachverhalt („Die Gruppe hat in der letzten Aktion gut zusammengearbeitet.") beurteilt werden. Dies kann zum Beispiel durch die Darstellung einer Note zwischen eins und fünf unter Zuhilfenahme der Finger einer Hand geschehen.

*Streichholz brennt:* Die Teilnehmer äußern sich zu einer Frage oder einem Sachverhalt so lange, wie ihr Streichholz brennt. Vorsicht bei Wind!

*Drei Worte:* Jeder Teilnehmer fasst seine Eindrücke in genau drei Worten / Begriffen zusammen.

*Wetterbericht:* Jeder Teilnehmer verfasst mit einem Stift und einem Zettel einen kurzen Wetterbericht über seine aktuelle Stimmungslage: „Das Gewitter von heute morgen hat sich verzogen, leichte bis mittlere Bewölkung herrscht vor, es ist für den Nachmittag Sonnenschein angesagt."

*Gedanken des rechten Nachbarn:* Alle Teilnehmer berichten über die vermuteten Gedanken und Gefühle ihres jeweils rechten Nachbarn nach der Aktion. (Dies ist nur möglich, wenn sich die Gruppe bereits gut kennt.)

**Autoritätsreihe:** Die Gruppe ordnet sich selbstständig in der Reihenfolge an, in der die Personen Einfluss auf die Aktion / die Strategieentscheidung o.a. hatten. Alternativ kann eine Aufstellung nach dem Engagement der Gruppenmitglieder erfolgen. Anschließend kann das Ergebnis und / oder die Zufriedenheit der Teilnehmer mit ihren Positionen diskutiert werden. Achtung: Dies ist eine Momentaufnahme der Gruppe!

**Die Zielscheibe:** Ein Plakat wird vorbereitet, auf dem eine große Zielscheibe aufgemalt ist. Die Scheibe kann in unterschiedliche Bereiche aufgeteilt werden: Leiterverhalten, Gruppenzusammenarbeit, Stimmung, Lernerfolg, etc. Jeder Teilnehmer bekommt so viele Klebepunkte wie Bereiche aufgezeichnet sind. Wahlweise kann jeder Teilnehmer seine Bereiche markieren und in der anschließenden Diskussion Stellung dazu nehmen. Alternativ und für den outdoor – Einsatz geeignet: Zielscheibe in den Sand oder Erdboden zeichnen und mit Kieselsteinen die Punkte markieren.

**Bravo:** Der Spielleiter gibt dem rechten Nachbarn ein „Br" und summt dieses weiter, dieser gibt es wiederum an seinen rechten Nachbarn weiter, solange, bis das „Br" wieder beim Spielleiter angekommen ist, dann springen alle auf einmal hoch und rufen „Bravo!" (Stärkung eines positiven Gruppengefühls)

**Gefühle:** Jeder Teilnehmer erhält ein Arbeitsblatt mit den Buchstaben des Alphabets und trägt für jeden Anfangsbuchstaben ein Gefühl ein. Die beiden wichtigsten positiven Gefühle werden markiert, ebenso die wichtigsten negativen und anschließend der Gruppe vorgestellt. Diese Methode ist eher für ältere Gruppen geeignet, bei großen Gruppen kann die lange Dauer nachteilig sein.

**Papierkorb und Schatzkästlein:** Zwei Behälter werden mit positiven und negativen Erlebnissen, Aspekten oder Gefühlen gefüllt, die auf farbig unterschiedliche Metaplankärtchen geschrieben werden.

# 7 Hinweise zur Ökologie

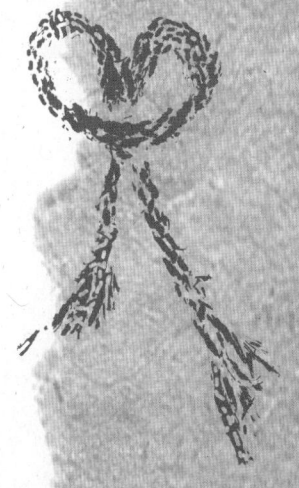

Hinsichtlich der Durchführung der Spiele und Aktionen in diesem Buch ist auch das äußere Umfeld von entscheidender Bedeutung. „Gute Stellen" für bestimmte Abenteueraktionen, bei denen neben der Sicherheit auch der Naturraum passt, sind nicht leicht zu finden und oft wird deshalb auf bekannte und erprobte Lokalitäten zurückgegriffen. Dies führt fast zwangsläufig zu „Kennzeichnungen" dieser Stellen und bei entsprechender Frequentierung sind die Spuren bald unübersehbar.

 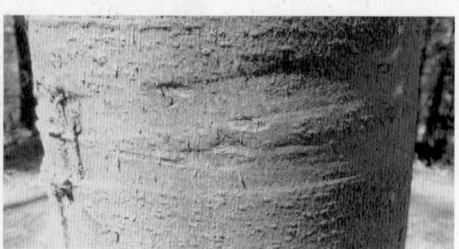

Verletzungen an Baumrinden durch Bandschlingen sowie Trittspuren an Ein- und Ausstiegen sind leider immer häufiger anzutreffen – manchmal ziert auch noch ein Müllhaufen die Stelle, von der die besten Fotos der jeweiligen Aktion gemacht werden können.

Letzten Endes muss jede Erlebnispädagogin und jeder Erlebnispädagoge selbst abwägen, ob der angerichtete „Schaden" vertretbar ist oder ob auf die Aktion – auch wenn die Stelle optimal wäre – aus Gründen des Naturschutzes nicht durchgeführt werden kann.

Dies ist nicht immer leicht. Im Grunde genommen hinterlässt jeder, der in der freien Natur unterwegs ist, mehr oder weniger deutliche Spuren. Erbauer von mobilen Ropes Courses wandeln da auf schmalen Graten, zumal sie sich bei Ihrer Tätigkeit oft im weglosen Gelände in teils empfindlichen Biotopen wie Wäldern und Flussufern aufhalten.

Patentrezepte gibt es nicht – da bleibt den Autoren nur der Appell, verantwortungsvoll mit der Natur und ihren Ressourcen umzugehen.

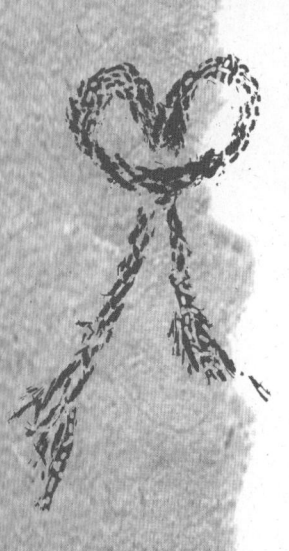

*Trotzdem möchten wir zumindest einige Anhaltspunkte formulieren:*

1. Wechseln Sie die Örtlichkeiten für Ihre Spiele und Aktionen ab! Dies gibt der Natur die Gelegenheit sich zu erholen. Sie können bei jeder Wanderung oder Radtour die Augen offenhalten und so immer wieder neue und gute Möglichkeiten für Seilaufbauten entdecken!

2. Hinterlassen Sie möglichst geringe Spuren am Ort der Handlung! Verwenden Sie z. B. Teppichreste oder alte Isomatten, die Sie unter das Schlingen- und Seilmaterial um den Baum legen.

Sie mögen einwenden, dass es dem Baum kaum etwas ausmacht, wenn für ein paar Stunden eine Schlinge um seinen Stamm gelegt wird. Das ist für sich genommen schon richtig, aber Sie sind möglicherweise nicht der Einzige und viele Schlingen führen nach einer gewissen Zeit zu sichtbaren Beschädigungen der Rinde – welche Auswirkungen dies auch immer haben mag.

Außerdem geht es auch und besonders im Hinblick auf Ihr Klientel um die Haltung, die Sie an den Tag legen. Wenn Sie einen Teppichrest als Rindenschutz unterlegen, dokumentieren Sie ihre Sorge um das „Lebewesen" Baum, dem Sie mit einer angemessenen Ehrfurcht begegnen.

3. Entsorgen Sie Ihren Müll zu Hause und kümmern Sie sich um eine angemessene „Versorgung" der menschlichen Tretminen, die gern um Seilbrücken und Hohe Gänge verteilt werden.

4. An bekannten und öfter besuchten Plätzen sollten Sie sich möglichst *schonend bewegen.* Benutzen Sie bereits angelegte Wege und trampeln Sie keine neuen (wilden) Pfade! Trittbelastung führt zu Zerstörung der Pflanzendecke und damit zu Erosion. Ganz empfindlich in dieser Hinsicht (und nebenbei auch gefährlich) sind unterspülte Fluss- oder Bachufer. Betroffen sind auch häufige Ein- und Ausstiegsstellen für Bachüberquerungen oder Aktionen. (Uns ist hier sogar ein vorbildlicher Anbieter bekannt, der immer einen alten Teppich an betroffenen Stellen ausrollt!). Bitte machen Sie Ihre Gruppe auf diese Problemzonen aufmerksam. Diskutieren und vereinbaren Sie danach das eigene Verhalten!

4. Auch Tiere werden durch Aktivitäten in ihrem Lebensraum u. U. gestört. Besonders an den Flussufern sollten Sie auf brütende Vögel achten.

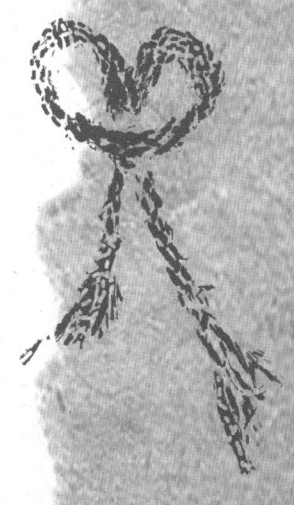

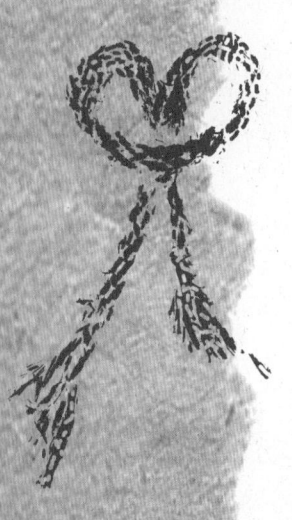

# 8    Ausgewählte „Miss- geschicke"

Die folgenden drei Berichte sind dem Buch „Missgeschicke in der Erlebnispädagogik –
Eine Sammlung von Praxisfällen"[1] entnommen. In diesem Buch stellen 24 erfahrene
erlebnispädagogische Praktiker aus der Erlebnispädagogik in über 50 Fällen ihre Missgeschicke dar.

Zielrichtung des Buches ist die Erkenntnis, dass Lernen – auch – durch Missgeschicke
geschieht. Missgeschicke anderer können eigene Missgeschicke verhindern. Aber sie
werden ungern berichtet.

Missgeschicke in der erlebnispädagogischen Arbeit sind aber nicht zwingend auch
Fehler. Sie zeigen vielmehr häufig, wie verwickelt erlebnispädagogische Situationen sein
können. Die Beschäftigung mit Missgeschicken führt die erlebnispädagogischen
Praktiker zusammen: Denn niemand ist wirklich vor ihnen gefeit.

Ziel des Buchs ist nicht, mit erhobenem Zeigefinger darauf zu verweisen, was hätte
besser gemacht werden können. Vielmehr soll es darum gehen, eine ausreichende
Sensibilität für kritische Entwicklungen in bestimmten Situationen zu gewinnen.

Und da Missgeschicke schlecht in Kategorien passen, mischen sich lustige, überra-
schende, schmerzhafte und auch schicksalhafte Begebenheiten.

## Der fremde Guide

- Schullandheimaufenthalt einer Schulklasse
- 30 Schüler im Alter zwischen 12 und 13 Jahren, zwei Lehrer und ein Kursleiter
- Seilrutsche über eine Schlucht

Im Sommer 1998 veranstaltet eine Bergschule im Rahmen eines einwöchigen Schul-
landheimaufenthalts am letzten Tag eine Befahrung einer Seilrutsche über einen
Bachtobel.

Am Bach angekommen, lässt der Kursleiter die SchülerInnen unter der Aufsicht der
Lehrer zurück und baut die Seilrutsche auf. Eine anschließende Befahrung zu Test-
zwecken durch den Kursleiter selbst verläuft zufrieden stellend.

Während des Aufbaus kommt eine Canyoning-Gruppe hinzu, die an der gleichen Stelle
ebenfalls eine Seilrutsche aufbauen will. Nach einer kurzen Unterhaltung vereinbaren der
Kursleiter und der fremde Guide, der Canyoning-Gruppe den Vorrang zu lassen, weil
abzusehen ist, dass die Schulklasse wesentlich länger für die Durchführung brauchen
würde. Da das Rutschseil bereits eingerichtet ist, bietet der Kursleiter dem Guide die
Benutzung seines Seiles an.

[1] „Missgeschicke in der Erlebnispädagogik" Eine Sammlung von Praxisfällen, Eigenverlag Dewald-Kraus-
Schwiersch GbR, Pfronten 2003

Dieser akzeptiert, überzeugt den Kursleiter allerdings, dass das Seil deutlich straffer gespannt werden müsse. Mit einem Flaschenzug ziehen die beiden das Seil fester und die Canyoning-Gruppe passiert – mit einem Schraubkarabiner als „Rolle" im Rutschseil – ohne Probleme die Schlucht.

Der Kursleiter der Schulklasse geht nun ans Werk, verwendet aber statt Schraub-karabiner eine Seilrolle, die in das Rutschseil eingehängt wird. Dies führt natürlich zu geringerer Reibung und damit zu höherem Tempo, welches durch ein mitlaufendes Bremsseil dosiert werden soll.

Der erste Schüler wird eingehängt, springt ab und nimmt sofort Geschwindigkeit auf. Aus später nicht mehr nachzuvollziehenden Gründen versagt das Bremssystem und der Schüler kommt mit ziemlicher Geschwindigkeit auf der anderen Seite an. Ein Warnruf des Kursleiters geht im Tosen des unter der Seilrutsche befindlichen Wasserfalls unter, der am Endpunkt der Rutsche stehende Lehrer wird völlig überrascht. Er kann den Buben zwar etwas bremsen – aber nicht verhindern, dass dieser mit gestrecktem Bein gegen den Baumstamm stößt, der als jenseitiger Anschlagpunkt dient.

Der Anprall ist nicht besonders heftig, trotzdem klagt der Junge über starke Schmerzen im Fuß. Im Krankenhaus wird ein glatter Bruch des Mittelfußknochens diagnostiziert. Mit Krücken und ohne Gips kann der Junge das Krankenhaus anschließend verlassen – die Verletzung heilt folgenlos aus.

Zwischenzeitlich ereignet sich in der Schlucht das nächste „Missgeschick": Ein Junge sticht einen anderen mit einem Ast in die Nase. Dabei wird der Nasenflügel aufgerissen, und wieder geht es ins Krankenhaus.

### Kommentar des Einsenders:

*Folgendes habe ich aus dem letzten Tag der Erlebniswoche gelernt:*

Für eine Schulklasse dürfen Lehrer nicht als Hilfskräfte angesehen werden. Ich habe mich durch den anderen Guide irritieren und zu einer Veränderung meines Aufbaus verleiten lassen. Damit war das Seil zu straff.

Ich werde zukünftig keine Gruppen in dieser Größenordung betreuen.

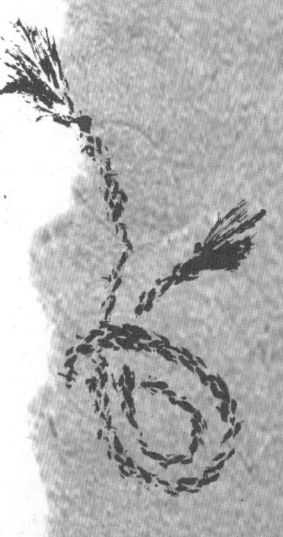

## Kommentar der Autoren:

Die Einsichten des Kursleiters sind sicher richtig und nachzuvollziehen. Auch im Fall „Wenn Betreuer zum Problem werden" tritt die Problematik unkundiger Hilfspersonen zutage.

Die eigentliche und auch primäre Ursache des Malheurs liegt allerdings in der Veränderung der Seilspannung nach der Einlassung des fremden Guide, dass das Seil zu schlapp sei und nachgespannt werden müsse.

Man könnte einwenden, dass jeder Leiter seinen Aufbau selbst zu verantworten hat und schon deshalb fremden Hinweisen und Ratschlägen zumindest skeptisch gegenüber stehen sollte. Aber es ist leicht, dies zu fordern.

Es ist allerdings weniger leicht, dies in der oben beschriebenen Situation auch umzusetzen. Da erscheint ein augenscheinlich erfahrener Guide, der die Schlucht durch seine vielen Canyoningführungen wie seine Westentasche kennt und auch die Seilrutsche an dieser Stelle schon häufig aufgebaut hat. Dieser Kenner der Materie korrigiert im Brustton der Überzeugung die Seilrutsche und rutscht dann auch noch ohne Komplikationen mit der gesamten Gruppe auf die andere Seite.

Angesichts eines solchen „Know hows" ist man dann natürlich angemessen beeindruckt und neigt – auch wenn eine Befahrung mit Seilrollen etwas völlig anderes als ein Rutschen mit Schraubkarabinern ist – möglicherweise nicht mehr zu einer Wiederherstellung der alten Seilspannung. Schließlich ist noch ein Bremssystem als zusätzliche Sicherheit vorgesehen – und es hätte, unabhängig von der Art der Aufhängung, auf jeden Fall einen sicheren Betrieb ermöglichen sollen. Aber es gehört wohl zum Wesen solcher Missgeschicke, dass die Bremse genau dann nicht funktioniert. Leider ließen sich in diesem Fall die Umstände, unter denen das Bremssystem versagte, nicht mehr recherchieren. Denn dies war hier das eigentliche Problem: Erst nach Versagen des Bremssystems konnte sich das zu sehr gespannte Seil negativ auswirken. So gilt auch hier wieder: Zwei Faktoren, die für sich genommen noch unproblematisch gewesen wären, kommen zusammen. Dass sie zusammenkommen, ist auf den ersten Blick recht unwahrscheinlich, aber es passiert – und das Unglück nimmt seinen Lauf.

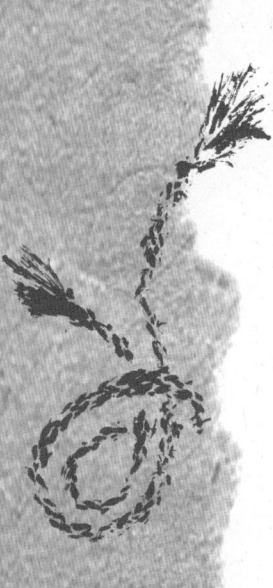

### Die Fußangel

- Keine näheren Angaben

Zwischen zwei Bäumen wird ein Mohawk-Walk aufgebaut.

Nach dem Spannen hintersichert man den belasteten Karabiner mit dem restlichen Statikseil noch einmal am Baum. Hierdurch entsteht eine Seilschlaufe, die einer der Teilnehmer zum sicheren Aufsteigen und zum Ausbalancieren auf dem Seil benutzt. Vor ihm befinden sich schon drei Personen auf dem Seil.

Als der Teilnehmer sich vom Baum fortbewegt und für einen Moment weit gespreizt noch mit dem hinteren Fuß in der Seilschlaufe steht, stürzen die Personen vor ihm vom Seil und ziehen ihn mit. Der in der Schlinge befindliche Fuß kommt nicht frei und der Teilnehmer fällt unglücklich auf den Hinterkopf. Der Fuß hängt nach dem Sturz noch immer verdreht im Seil.

Aufgrund des weichen Waldbodens geht der Sturz glimpflich aus, lediglich das Sprunggelenk ist leicht gezerrt.

### *Kommentar der Autoren:*

Der Fall verdeutlicht, dass Seilschlaufen, Seilschlingen oder lose Seilenden an Balancierseilen vermieden werden sollten. Aufstiegshilfen sollten als Aufstiegshilfen ausgelegt sein (z. B. durch große Schlingenöffnungen und / oder Stabilisierungen, dass sie auch als Tritte genutzt werden können). Dieser Fall erscheint uns als ein Beispiel dafür, dass ein „aufgeräumter" Aufbau manchmal auch sicherheitstechnisch hilfreich sein kann.

## Wenn Betreuer zum Problem werden

- Ferienfreizeit eines Stadtjugendrings mit Kindern im Alter zwischen 12 und 15 Jahren
- Gruppengröße: ca. 15 Personen mit einem Kursleiter und zwei Betreuern
- Unfallort: eine Seilrutsche (Flying Fox) über einem Bachtobel

Die Seilrutsche hatte ich bis zu jenem Tag an dieser Stelle schon viele Male aufgebaut. Die Bildungseinrichtung, in der ich arbeite, dient neben der Durchführung eigener Veranstaltungen auch als Beleghaus für Gruppen, die punktuell in der Durchführung ihrer Aktivitäten unterstützt werden.

Die Betreuer einer Ferienfreizeit kommen mit der Bitte auf mich zu, an einem Tag während ihres Aufenthalts eine Seilrutsche aufzubauen und mit ihnen zu betreiben, da sie sich den Anforderungen nicht gewachsen fühlen.

Ich bin zunächst skeptisch, da ich allein bin und keine eingewiesene Hilfsperson habe. Die Betreuer lassen aber nicht locker und versprechen, mich nach Kräften zu unterstützen, und so lasse ich mich schlussendlich „breitschlagen".

Am Anfang entwickelt sich alles zufrieden stellend: Der Aufbau klappt und auch der erste Durchgang verläuft problemlos – die Kinder haben ihren Spaß.

Die Betreuung und die sicherheitstechnische Überwachung ist so eingeteilt, dass ich am Absprungpunkt stehe, um die Gurte zu prüfen, das korrekte Einklinken der Karabiner zu überwachen und den Kindern nochmals Verhaltenshinweise zu geben. Einer der Betreuer der Gruppe befindet sich am Landepunkt mit der Anweisung, die Kinder bis zum Stillstand rutschen zu lassen, um sie anschließend mittels eines Hilfsseils zu sich ans Ufer zu ziehen und sie abzuhängen.

Da eine Verständigung zwischen uns während der Aktion durch einen unmittelbar unter der Rutsche liegenden Wasserfall nicht möglich ist, werden Zeichen für Stopp, Warten, Abbruch u. a. vereinbart.

Während des ersten Durchgangs kommt es manchmal zu Schwierigkeiten, da manche Kinder nicht abspringen, sondern sich lediglich ins Seil sacken lassen und infolgedessen wenig Fahrt aufnehmen; sie kommen daher relativ früh und noch über dem Wasser zum Stillstand. Für den Zielbetreuer ist dies dann bei der Bergung der TeilnehmerInnen mit einigem Aufwand verbunden. Nach einigen Versuchen und nassen Füßen sind die Aktionen aber immer von Erfolg gekrönt, ohne dass ich eingreifen muss.

Am Startpunkt habe ich die Angewohnheit, die Karabiner der TeilnehmerInnen nach dem Einklinken in das Rutschseil mit der Hand zu blockieren, um deren unkontrolliertes Wegrutschen zu verhindern. Erst wenn die TeilnehmerInnen korrekt stehen und alles überprüft und bereit ist, gebe ich die Blockierung auf – lasse aber meine Hand dahinter auf dem Seil liegen.

Genauso verfahre ich auch bei einem etwas übergewichtigen Mädchen, das sich beim ersten Mal nur mühsam und mit Angst in die Seilrutsche „setzte" und daher relativ weit vom jenseitigen Ufer entfernt zum Stillstand gekommen war. Wir besprechen noch ein-mal kurz den Absprung, und ich rate ihr, sich nicht sofort ins Seil zu setzen, sondern vor an die Kante zu laufen und diese Bewegung mit in den Absprung zu nehmen.

Nachdem alles klar ist, gebe ich die Blockierung frei. Sie setzt sich in Bewegung; doch in diesem Moment spüre ich über meine auf dem Seil liegende Hand eine deutliche Veränderung in der Neigung des Seils, und zwar nach unten.

Irritiert schaue ich zur anderen Seite und bemerke zu meinem Entsetzen, dass der Betreuer mit seinem ganzen Gewicht an dem Hilfsseil hängt, das er mittels eines Karabiners in das Rutschseil eingeklinkt hat. Ich schreie: „Lass los!" Doch der Wasser-fall erstickt jegliche Kommunikation.

So kommt, was kommen muss: Das Mädchen rauscht das in seiner Neigung nun viel zu steile Seil hinab und schlägt mit dem Knie gegen einen vorstehenden Felsen, der sich in der jetzt erheblich veränderten „Rutschbahn" befindet. Sowohl der Betreuer (er hätte loslassen können) als auch das Mädchen (sie hätte die Beine anziehen können) bleiben reaktionslos.

Das Mädchen erleidet einen langen und tiefen Riss knapp unter dem Knie – glücklicher-weise hat sie weder Knochen – noch Sehnenverletzungen und die Wunde heilt bis auf eine Narbe folgenlos aus.

In der Aufarbeitung des Unfallhergangs konnte oder wollte der Betreuer keine klare Angaben machen, warum er mit seinem ganzen Körpergewicht das Rutschseil belastet hatte. Die Vermutung liegt allerdings nahe, dass er über die Neigungsveränderung die rutschenden Personen näher zum Abhängepunkt „transportieren" wollte. Dies gelang ihm – nur unterschätzte er Höhe und Geschwindigkeit des zwangsläufigen „Einschlags".

### Kommentar des Einsenders:

Nach diesem Unfall habe ich die Seilrutsche nie mehr alleine aufgebaut. Selbst die beste Einweisung von prinzipiell Unkundigen kann m.E. etwaige Kurzschluss-reaktionen und Fehleinschätzungen nicht ausschließen.

Einer Person, die Erfahrung in Aufbau und Betrieb von Seilrutschen hat, wäre der Fehler, den der Betreuer im vorliegenden Fall beging, wohl kaum unterlaufen. Kundige Personen am Start- und Landepunkt sind unverzichtbar.

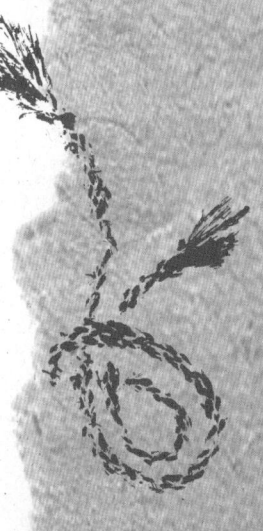

# 9    Literatur-
verzeichnis

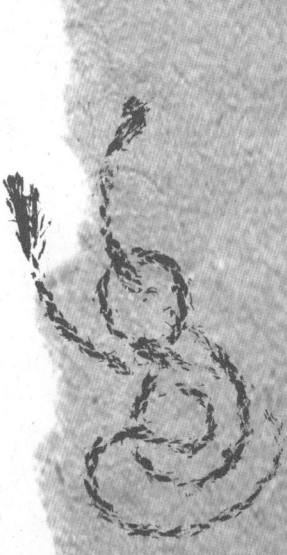

*Aldebert, Ulrike* (1990): Spiele unterwegs – für kleine und große Bergsteiger. Rother Verlag, München (vergriffen)

*Deutscher Alpenverein* (Hrsg.) (1998): Spiel, Spaß und Verstehen. München 1998

*Dewald, Wilfried; Kraus, Lydia; Schwiersch, Martin* (2003): Missgeschicke – Eine Sammlung erlebnispädagogischer Praxisfälle. Eigenverlag DKS, Pfronten

*Dick, Andi; Hofmann, Michael; Schrag, K.:* „Brust oder Keule". In: Panorama (ISSN 1437–5923). Heft Nr. 4 / 2003, S. 82–85

*Dick, Andi; Hofmann, Michael; Schrag, Karl* (2003): Risiken mit Verschlusskarabinern. In: Panorama (ISSN 1437–5923). Heft Nr. 3 / Juni 2003; S. 74–76

*ERCA* (2000): Bau und Betreibungsstandards für mobile und stationäre Ropes Courses. ZIEL-Verlag, Augsburg

*Ermacora, Andreas:* Kanzianiberg – Straf- und Zivilverfahren nach Flying Fox Unfall. In: bergundsteigen (Direktbezug vom OeAV). Heft Nr. 3 / 2003, S. 16–18

*Ermacora, Andreas:* Urteil Flying Fox. Unfallort: Weißsee Staumauer, Rudolfshütte. In: bergundsteigen (Direktbezug vom OeAV). Heft Nr. 2 / 2003, S.16–18

*Gilsdorf, Rüdiger; Volkert, Kathi:* (Hrsg.) (2005). Abenteuer Schule. ZIEL-Verlag, Augsburg

*Gilsdorf, Rüdiger; Kistner, Günter* (2003): Kooperative Abenteuerspiele 1 – Praxishilfe für Schule, Jugendarbeit und Erwachsenenbildung; Kallmeyersche Verlagsbuch-handlung, Seelze-Velber, 12. Auflage(ISBN: 3-7800-5801-4)

*Gilsdorf, Rüdiger; Kistner, Günter* (2003b): Kooperative Abenteuerspiele 2 – Praxishilfe für Schule, Jugendarbeit und Erwachsenenbildung; Kallmeyersche Verlagsbuch-handlung, Seelze-Velber, 3. Auflage(ISBN: 3-7800-5822-7)

*Hagen, Udo* von (1991): Sportabenteuer – Abenteuersport; Sportjugend Nordrhein-Westfalen

*Heckmair, Bernd; Michl, Werner;* (2004): Erleben und Lernen. 5. Auflage, Ernst Reinhardt Verlag, München,

*Hoffmann, Michael; Pohl, Wolfgang* (1996): Alpin Lehrplan Band 2: Felsklettern Sportklettern. BLV-Verlag, München

*Hoffmann, Michael; Schrag, Karl* (2003): Brust oder Keule. In: Panorama (ISSN 1437-5923). Heft Nr. 2 / April 2003; S. 82–85

*Jugend des Deutschen Alpenvereins* (Hg.) (2000): Spiele und Abenteuer rund ums Seil. Reihe: zum Thema, München

*Kraus, Lydia; Schwiersch, Martin* (2005): Die Sprache der Berge: Handbuch der alpinen Erlebnispädagogik. ZIEL-Verlag, Augsburg

*Kunigham, Klaus* (2003): Redundantia – Redundanz, ein umfassender Begriff im Sicherheitsmanagement. In: bergundsteigen (Direktbezug vom OeAV). Heft Nr. 2 / 2003, S. 34 – 41

*Kunigham, Klaus* (2004): Sicherheitsbetrachtungen zu Seilbrücken bei mobilen Aufbauten in der Erlebnispädagogik und bei Outdoor-Trainings; Diplomarbeit; Dt. Sporthochschule Köln

*Lutz, Martin und Mair, Peter* (2002): AnseilART – Verletzungsmuster beim Sturz ins Seil. In bergundsteigen (Direktbezug vom OeAV). Heft Nr. 2 / 02, S. 50 – 53

*Project adventure* (Hrsg.) (1996). Quicksilver. Kendall / Hunt, USA

*Reiners, Annette* (2004). Praktische Erlebnispädagogik. 7. Auflage, ZIEL-Verlag, Augsburg

*Rohnke, K.; Tait, C.; Wall, J.* (1997). The Complete Ropes Course Manual. Dubuque, Iowa, USA

*Rohnke, Karl* (1989). Cowtails and Cobras II. „A Guide to Games, Initiatives, Ropes Courses, & Adventure Curriculum". Dubuque, Iowa (USA)

*Schoel, J.; Prouty D.; Radcliffe, P.* (1988). Islands of Healing, A Guide to Adventure Based Counselling. Hamilton (USA)

*Schubert, P.* (2004): Schnapper, Schrauber und Gefährten. In: bergundsteigen (Direktbezug vom OeAV). Heft Nr. 1 / 2004, S. 62–67

*Schubert, Pit; Stückl, Pepi* (2003): Alpin Lehrplan Band 5: Sicherheit am Berg. BLV, München

*Semmel, C. / Stopper, D.* (2005): Karabiner oder Mensch. In: Panorama (ISSN 1437-5923). Heft Nr. 1 / 2005, S. 72 – 74

*Senninger, Tom* (2000): Abenteuer leiten. Ökotopia Verlag

*Sonntag, Christoph* (2002): Abenteuer Spiel. ZIEL-Verlag, Augsburg

*Stopper, D.:* „Hakenausbrüche beim Sportklettern". In Panorama (ISSN 1437-5923). Heft Nr. 2 / 2001, S. 78 – 79

*Stopper, D.:* „Mörtel auf dem Prüfstand". In Panorama (ISSN 1437-5923). Heft Nr. 3 / 2001, S. 77 – 81

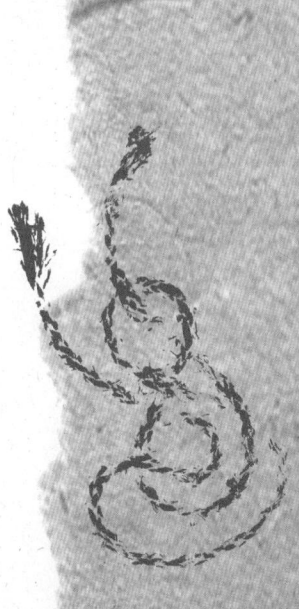

# Adressen

**ERCA**
European Ropes Course Association /
Verein zur Förderung von Ropes Courses e.V.
Schaufelder Straße 30
30167 Hannover
Tel./Fax:  05 11 / 16 98 99 37
Mail:  info@erca.cc
Internet:  www.erca.cc

**Bundesverband Erlebnispädagogik**
Schneeberggasse 1
88131 Lindau
Tel.:  0 83 82 / 28 09 62
Fax:  0 83 82 / 28 09 64
Mail:  info@be-ep.de
Internet:  www.bundesverband-erlebnispaedagogik.de /

**Deutscher Alpenverein e.V.**
Von-Kahr-Straße 2 – 4
D-80997 München
Tel.:  0 89 / 140 03 - 0
Fax:  0 89 / 140 03 - 12
Mail:  info@alpenverein.de
Internet:  www.alpenverein.de

**JDAV-Jugend des Deutschen Alpenvereins**
Von-Kahr-Straße 2 – 4
D-80997 München
Tel.:  0 89 / 140 03 - 77
Fax:  0 89 / 140 03 - 29
Internet:  www.jdav.de

**Jugendbildungsstätte des DAV – „Haus Alpenhof"**
Jochstraße 50
D-87541 Bad Hindelang
Tel.:  0 83 24 / 93 01 - 0
Fax:  0 83 24 / 93 01 - 11
Mail:  info@jubi-hindelang.de
Internet:  www.jubi-hindelang.de

# Danksagung

**Für Unterstützung, Rat und Hilfe bedanken wir uns bei:**

Klaus Kunigham
Wolfgang Mayr
Pit Rohwedder
Bernt Prause
Sicherheitskreis des DAV (Dieter Stopper)
Martin Schwiersch
Bernhard Streicher
Manfred Huber
Michael Rehm
Gabriel de Fonseca, KreativAktion Meissen
Steffi Daub
den ZDL der Jugendbildungsstätte Hindelang
Peter und Isolde Trzaska
Christel, Nina, Regina, Daniel und Dominik
Fa. Edelrid, Isny

**Zeichnungen:**

Katrin Häußler
Rudolf Schwiersch *(Seite 95)*

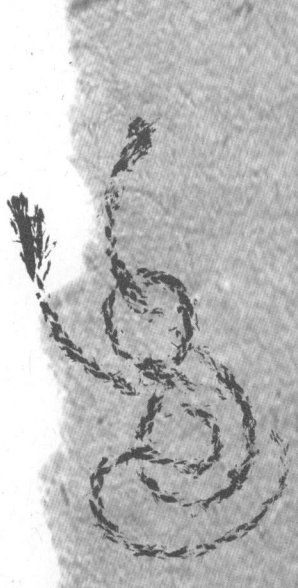

# Anhang

## Prüfprotokoll

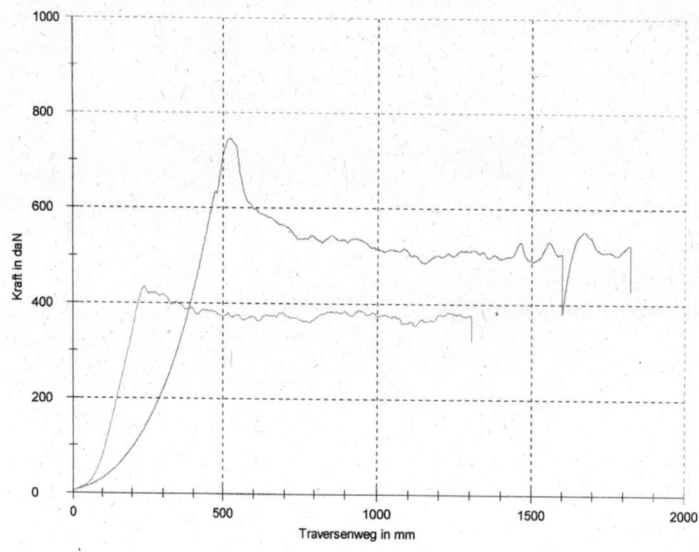

**EDELMANN + RIDDER GmbH & Co. KG**
Litzen- und Kordelfabrik
Achener Weg 66 · D-88316 Isny im Allgäu
Telefon 07562 981-0, Telefax 07562 981-100/-200, mail@edelrid.de, www.edelrid.de

 EDELRID

### Prüfprotokoll Nr. 177/01

| | | | | |
|---|---|---|---|---|
| Artikel | : Grigri | | Prüfer | : Haggenmüller |
| Charge | : | | Probenhalter | : Gabelkopf Bolzen 12 mm |
| Kunde | : | | Kraftaufnehmer | : 100 KN |
| Prüfdatum | : 25.10.01 | | Prüfgeschwindigkeit | : 1000 mm/min |

### Ergebnisse

| Legende | Nr | Höchstzugkraft daN | Bemerkungen |
|---|---|---|---|
|  | 1 | 745 | Gebrauchtes Seil 11 mm Superstatic weiß |
|  | 2 | 434 | Neues Seil 11 mm Superstatic weiß |

### Kraft/Weg-Diagramm

**Copyright Firma Edelmann + Ridder GmbH + Co. KG**

*Mit freundlicher Genehmigung der Firma Edelrid, Isny im Allgäu.*

# Auswahl verschiedener Feldversuche und Belastungstests zu Rücklaufsperren und Anschlagsystemen

## Rücklaufsperren – Gardaklemme

| Versuch | Funktion | Problem | Belastungen | Bemerkungen |
|---|---|---|---|---|
| JDAV 12.–13.05.01 | Funktioniert gut | – Mantelbeschädigung<br>– Bei Belastung besteht durch Torsion die Möglichkeit eines ungewollten Öffnens des Schnappers. Dadurch „Schnapper-offen-Belastung" möglich | Mit Flaschenzug gespannt. Es wurden hohe Vorspannungen erzielt, die auch bei Belastung nicht merklich nach ließen. | Zwei Seilrisse bekannt: einmal ein Halbseil, ein anderes Mal wurde mit Auto gespannt.<br>1988 Belastungstests durch den Sicherheitskreis des DAV. Ergebnis: Mantelschäden, aber keinen Seilrisse. |
| Kunigham et al. et al bei Edelrid 25.10.01 | | | 11 mm Superstatik neu. Rutscht ab ca. 14 kN sehr ruckartig durch. Schwankung 3–12 kN Haltekraft beim Durchrutschen | |
| Kunigham et al. et al bei Edelrid 25.10.01 | | Seil springt aus Karabiner! Ursache unklar. | 11 mm Superstatik alt. Springt bei ca. 5,1 kN aus einem Karabiner | |
| Kunigham et al et al bei Edelrid 25.10.01 | | | 11 mm Superstatik alt. Rutscht ab ca. 11 kN ruckartig. Schwankung 3–6 kN Haltekraft beim durchrutschen | |
| **Zusammenfassung** | **Gut funktionierende Rücklaufsperre. Kein besonderes Material notwendig.** | **In Abhängigkeit von der Querschnittsform der Karabiner wird das Seil mehr oder weniger stark geschädigt. Eine deutliche Bruchkraftreduktion tritt auf, bis hin zum kompletten Seilriss! Das Seil kann durch Scher- und Quetschbelastung durchgetrennt werden!** | **Ein Seilriss in der Gardaklemme ist bei Belastungen, wie sie beim Spannen von Seilbrücken auftreten können, durchaus möglich!** | **Die Gardaklemme ist als Rücklaufsperre bei Seilaufbauten nicht geeignet!** |

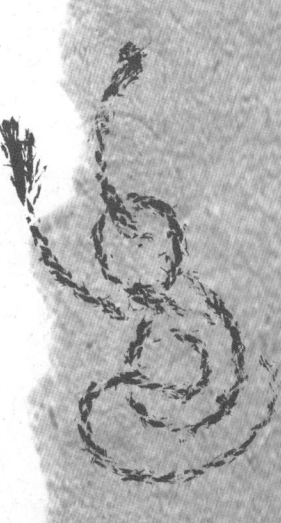

# Rücklaufsperren – GriGri (Petzl)

| Versuch | Funktion | Problem | Belastungen | Bemerkungen |
|---|---|---|---|---|
| JDAV 12.–13.05.01 | Funktioniert gut | GriGri ließ sich beim Abbau nicht mehr ohne weiteres öffnen. Sichtbare Seilquetschung, keine Mantelbeschädigung | Mit Flaschenzug gespannt. Es wurden hohe Vorspannungen erzielt, die auch bei Belastung nicht merklich nachließen | Seil sieht nach Belastung schon fast wie eine Bandschlinge aus. Aber keinerlei Mantelschäden |
| Kunigham et al et al bei Edelrid 25.10.01 | | | 11 mm Superstatik neu. Durchrutschen ab 4,3 kN, dann Bremskraft bei ca. 3,8 kN rel. konstant Seilfestigkeit danach: 32 kN | Seilfestigkeit nicht deutlich geringer nach der Belastung im GriGri. Daher wohl keine Schäden im Seil entstanden |
| Kunigham et al et al bei Edelrid 25.10.01 | | | 11 mm Superstatik alt. Durchrutschen ab 7,4 kN, dann Bremskraft bei ca. 5 kN rel. konstant Seilfestigkeit danach: 16 kN bzw. 18 kN | |
| Dieter Stopper mündlich | | D. Stopper berichtet von einem Beinahe-Seilriss in einem GriGri. | | |
| **Zusammenfassung** | **Gute Handhabbarkeit beim Spannen der Seile** | **Einmal konnte das Grigri nur mehr schwer nach der Belastung gelöst werden.**<br><br>**Ein Seilanriss im GriGri wurde bekannt. Ursache unklar.** | **Ideal als Rücklaufsperre und Kraftbegrenzer.**<br>**Bei Belastungen über 4–8 kN (11 mm Seil) läuft Seil durch und lässt keine Überlastung des Systems zu!** | **Eventuell kann ein kurzes Seilstück für den Aufbau mit dem GriGri verwendet werden. Dadurch würden die langen Seile bei Seilbrücken beim „Durchrutschen" durch das GriGri geschont** |

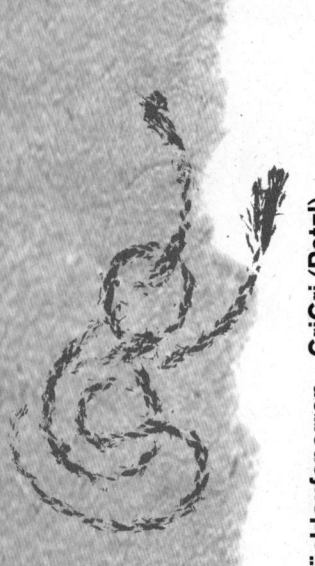

## Rücklaufsperren – Magic Plate (Kong)

| Versuch | Funktion | Problem | Belastungen | Bemerkungen |
|---|---|---|---|---|
| JDAV 12. – 13.05.01 | Funktioniert gut | Nachteile nicht bekannt aber wenig Erfahrung | Mit Flaschenzug gespannt. Es wurden hohe Vorspannungen erzielt, die auch bei Belastung nicht merklich nachließen. | |
| JDAV 12. – 13.05.01 | | Bei weiterer Belastung Seilriss im HMS Knoten auf der gegenüber-liegenden Seite! Keine sichtbaren Seilschäden im Bereich der Klemme | Belastung bis 12 kN ohne Rücklauf des Seils. | |
| Kunigham et al bei Edelrid 25.10.01 | | Seilriss! | Altes Seil mit Karabiner mit eckigem Profil. Seilriss bei 10,5 kN | |
| | | | Neues Seil mit Karabiner mit eckigem Profil. Bei 7,8 kN rutscht das Seil durch | |
| **Zusammenfassung** | **Fuktioniert gut, leicht zu handhaben** | **Seil wird je nach Profil des Karabiners geschert und gequetscht! Allgemeingültige Aussagen lassen sich deshalb nicht machen. Ein Seilriss ist möglich.** | | **Die Magic Plate ist als Rücklauf-sperre nicht zu empfehlen, weil keine eindeutigen Aussagen zur Schädigung des Seils möglich sind! Hängt sehr vom Zustand des Seils und dem Profil der Karabiner ab.** |

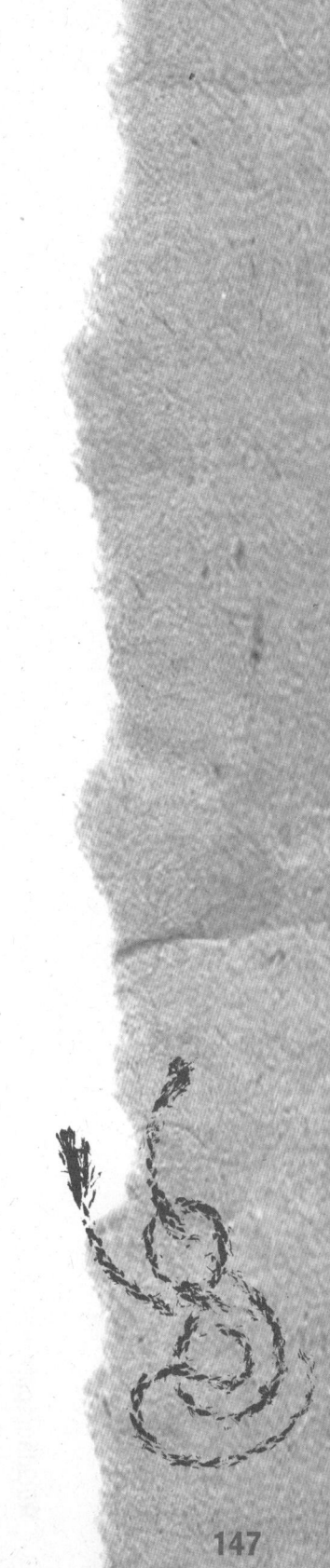

# Rücklaufsperren – T-Bloc

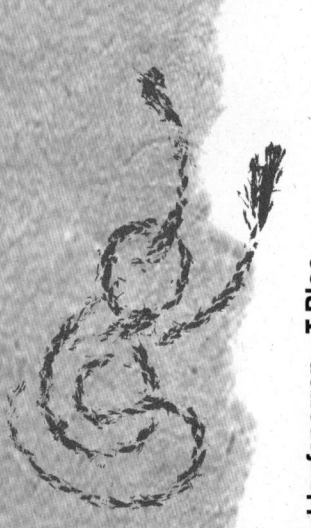

| Versuch | Funktion | Problem | Belastungen | Bemerkungen |
|---|---|---|---|---|
| JDAV 12. – 13.05.01 | | Gefahr der Seilschädigung durch scharfe Spitzen, mehrere Seilmäntel wurden schon zerrissen | Seil mit HMS und Flaschenzug gespannt | |
| **Zusammenfassung** | **Leicht und einfach** | **Scharfe Zähne schädigen das Seil. Mehrfach Mantelrisse bekannt geworden** | | **Alle gezahnten Klemmen sind zum Spannen von Seilen nicht geeignet! Gefahr der massiven Seilschädigung!** |

# Rücklaufsperren – Gi-Gi

| Versuch | Funktion | Problem | Belastungen | Bemerkungen |
|---|---|---|---|---|
| JDAV 12.–13.05.01 | schlecht | | Vorspannung 3,57 kN; in Seilmitte Belastung bis Kraft an Fixpunkten 8,33 kN erreicht. Dann springt HMS-Karabiner in Gi-Gi um und hebt Klemmwirkung schlagartig auf. | Ursache unklar |
| JDAV 12.–13.05.01 | schlecht | Seildurchlauf | Aufbau wie oben, nur dass Karabiner fixiert wird. (HMS Karabiner auf Stegseite) Ab 4,76 kN beginnt das Seil langsam durchzulaufen. | |
| JDAV 12.–13.05.01 | Na ja | Bei hoher Belastung Seildurchlauf | Aufbau wie oben, nur dass Karabiner fixiert wird. (HMS Karabiner auf flachen Seite). Ab 9,75 kN beginnt das Seil langsam durchzulaufen. Keine Seilschäden | |
| JDAV 12.–13.05.01 | | Ergebnis nicht reproduzierbar! | Aufbau wie oben, nur dass Karabiner fixiert wird. (HMS Karabiner auf flachen Seite). Ab 5,24 kN beginnt das Seil langsam durchzulaufen. | |
| JDAV 12.–13.05.01 | | Seildurchlauf | Versuch mit dynamischen Bergseil. Seildurchlauf ab 3 kN | |
| JDAV 12.–13.05.01 | | Seilschädigung! | Versuch wird mit Normalkarabiner auf der flachen Seite durchgeführt. Kein Seilrücklauf bis 10,7 kN, dann Abbruch. Seilschädigung durch kantige Karabinerform | |
| Kunigham et al bei Edelrid 25.10.01 | | | Altes Seil mit HMS: Seildurchlauf bei 4,2 kN. Altes Seil mit Karabiner eckiges Profil: Seildurchlauf bei 7,4 kN | |
| Zusammenfassung | Unterschiedlich | Teilweise schon bei geringen Belastungen Durchläufe, Seilschädigung möglich | | Ungeeignet als Rücklaufsperre bei Seilaufbauten |

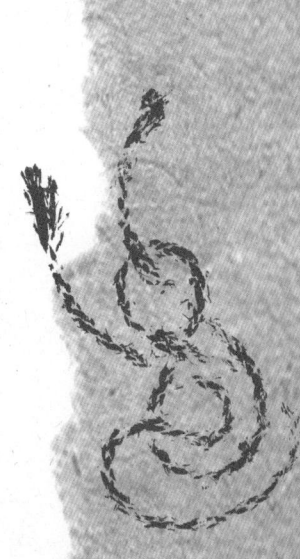

## Anschlagsysteme – HMS + Schleifknoten

| Versuch | Funktion | Problem | Belastungen | Bemerkungen |
|---|---|---|---|---|
| JDAV 12. – 13.05.01 | | Beim Fixieren unter Belastung geht immer Vorspannung verloren. Max. erreichte Vorspannung: 2 kN | Spannen mit externem Flaschenzug | |
| Kunigham et al bei Edelrid 25.10.01 | | | 11 mm Superstatik neu. Seilriss im Knoten bei 18 kN. | |

## Anschlagsysteme – Achterknoten

| Versuch | Funktion | Problem | Belastungen | Bemerkungen |
|---|---|---|---|---|
| JDAV 12. – 13.05.01 | Kein Problem | Ließ sich schwierig öffnen | Seil mit HMS und Flaschenzug gespannt | Besser HMS + Schleifknoten |
| Vorfallmeldung | | Seilbrücke mit 9 mm Statikseil aufgebaut. Knoten konnten nicht mehr gelöst werden | Spannen und Befahren der Brücke | 9 mm Seile sind nicht geeignet! |

## Anschlagsysteme – Winkelknoten

| Versuch | Funktion | Problem | Belastungen | Bemerkungen |
|---|---|---|---|---|
| JDAV 12. – 13.05.011 | gut | Keine Nachteile bekannt | Mit Mannschaftszug gespannt. (max. 7 Pers.) Ausreichende Vorspannung für Hohen Gang | Isomatte zum Schutz der Baumrinde verwenden |

# Feldversuch zur Belastung von Ankerstichschlingen unter schwellender Belastung

Bezug: Verwendung der Ankerstichschlingen aus Bergsportmaterial bei mobilen Seilaufbauten mit Statikseilen

*Vorbemerkung:*

*In einem Feldversuch von M. Halfer und Chr. Willert wurde im Mai 2004 das Verhalten von Ankerstichschlingen als Anschlagpunkte in mobilen RC's, die mit Industriematerial (Stahlseil) aufgebaut wurden, getestet. Die Dokumentation dieses Feldversuchs liegt den Autoren als persönliche Mitteilung vor.*
*Ziel einer neuerlichen Prüfung von Ankerstichschlingen, die am 18.5.2004 stattfand, war es, die Übertragbarkeit der von Halfer/Willert gefundenen Ergebnisse auf Aufbauten mit Statikseilen zu überprüfen.*

## Dokumentation des Feldversuchs vom 18.5.2004

- Durchführende Personen: Thomas Osterried (Outward Bound), Wolfgang Mayr (DAV), Wilfried Dewald (DAV) et al.
- Messgerät: Dynafor E00165 max. 5 t

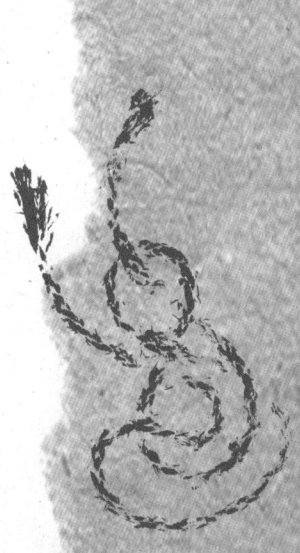

**Versuch 1**

Aufbau: An einem Baum (d = 20 cm; U = 80 cm) wurde in ca. 50 cm Höhe ein Anker-stich in Flucht der Belastungsrichtung gelegt. Material: genähte Salewa Bandschlinge 22 kN, normaler Zustand, gebraucht. Die Naht war freiliegend.

In diese Schlinge wurde ein Stahlkarabiner eingehängt, in diesen das zu spannende Seil (Statikseil 11 mm, stark gebraucht im Canyoningbetrieb) mit HMS / Schleifknoten abge-sichert.

Das andere Seilende mit Schäkel in Ratsche, danach das Dynafor-Messgerät, danach Schäkel in Industrieschlinge, die mittels Ankerstich am jenseitigen Baum befestigt war.

Gesamtdistanz Baum – Baum: 5,20 m
Länge des eingespannten Statikseils: 2,05 m

*Durchführung:*

- Vorspannung mittels Ratsche auf 450 kg, geht nach kurzer Zeit durch Setzung des Materials zurück auf 220 kg
- 1 Person (80 kg) wippt mit einer Frequenz von ca. 1 – 2 Herz
- maximale Belastung am Anschlagpunkt: 400 kg
- nach 200 x Wippen keine Anzeichen im Ankerstich (Wärme, Geruch, Geräusche …)
- nach 400 x Wippen keine Anzeichen
- nach 700 x Wippen keine Anzeichen, Vorspannung sinkt auf 56 kg
- nachgespannt auf 410 kg Vorspannung, geht zurück auf 250 kg
- weiteres Wippen mit 1 Person, max. Belastung 440 kg
- nach 1000 x Wippen keine Anzeichen an der Schlinge, max. Last 708 kg
- nach 1500 x Wippen Versuch beendet, verbleibende Vorspannung: 130 kg

*Beobachtungen:*

- beim Vorspannen und zu Beginn des Wippens sind Setzungsbewegungen in der Ankerstichschlinge zu beobachten, danach stabil
- Ankerstichschlinge nach Abbau optisch unbeschädigt, keine Schmelzspuren

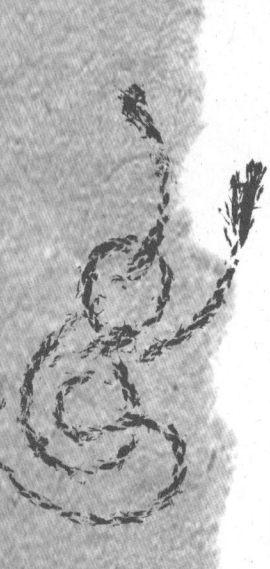

**Versuch 2**

Gleicher Aufbau in 70 cm Höhe, jedoch Wippen mit 3 Personen (3 x 70 – 80 kg) auf gleichem Seil, neue Bandschlinge in ähnlichem Zustand wie bei Versuch 1

### *Durchführung*

- Vorspannung 470 kg, geht durch Setzung zurück auf 260 kg
- 3 Personen wippen mit einer Frequenz von 1 – 2 Herz
- maximale Belastung 604 kg
- bei 150 x wippen leichte Erwärmung an der Schlinge
- 300 x Erwärmung gleichbleibend
- nach 700 x wippen restliche Vorspannung bei 30 kg
- Nachspannen auf 450 kg, geht zurück auf 280 kg
- Weiteres Wippen, max. Belastung bei 726 kg
- Nach 1500 x Wippen Versuch beendet, Restvorspannung 78 kg

### *Beobachtungen:*

- Mikrorupturen im Statikseil (Knistern)
- Leichte Erwärmung der Ankerstichschlinge, Setzungsbewegungen unter Last (ca. 2 cm)
- Nach Abbau optisch keine Beschädigung der Schlinge feststellbar
- Massive Rindenschäden (Ruptur der Rinde) am Baum

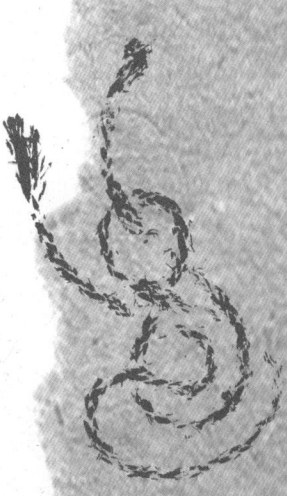

**Versuch 3**

Gleicher Aufbau, jedoch dickerer Baum (d=35 cm, U=110 cm)
Gesamtlänge Baum – Baum: 5,80 m; Länge eingespanntes Statikseil: 3,75 m
4 Personen wippen
neue Bandschlinge in ähnlichem Zustand wie bei Versuch 2 und 1

### Durchführung:

- Vorspannung: 440 kg, geht zurück auf 268 kg
- 4 Personen wippen, max. Belastung: 592 kg, Ankerstich setzt sich um ca. 3 cm
- nach 700 x Wippen 14 kg restliche Vorspannung
- Nachspannen auf 400 kg, setzt sich auf 206 kg
- Weiteres Wippen, max. Belastung 718 kg
- Nach 1000 x Wippen gibt Ratsche nach, neu gelegt und erneut vorgespannt auf 408 kg, nach Setzung 284 kg
- Weiteres Wippen, max. Belastung zunächst 728 kg, nach 1400 x Wippen 760 kg
- Nach 1500 x wippen Versuch beendet, Restspannung 92 kg

### Beobachtungen:

- Deutliche Setzungsbewegungen im Ankerstich (ca. 3–4 cm), leichte Erwärmung
- Statikseil: Mikrorupturen, am Ende des Versuchs ist das Seil gut handwarm, riecht etwas nach Gummi
- Rindenschäden: deutliche Druckstellen
- Ankerstichschlinge nach Abbau optisch unbeschädigt, kein Schmelzspuren o. Ä.

**Übersicht:**

| Versuch | 1 | 2 | 3 |
|---|---|---|---|
| Wippende Personen | 1 | 3 | 4 |
| Vorspannung 1 | 450 kg | 470 kg | 440 kg |
| Nach Setzung 1 | 220 kg | 260 kg | 268 kg |
| Max. Belastung 1 | 400 kg | 604 kg | 592 kg |
| Verbleibende Vorspannung 1 | 56 kg | 30 kg | 14 kg |
| Nachgespannt nach | 700 x | 700 x | 700 x |
| Vorspannung 2 | 410 kg | 450 kg | 400 kg |
| Nach Setzung 2 | 250 kg | 280 kg | 206 kg |
| Max. Belastung 2 | 708 kg | 726 kg | 760 kg |
| Verbleibende Vorspannung 2 | 130 kg | 78 kg | 92 kg |
| Versuch beendet nach | 1500 x | 1500 x | 1500 x |

Die verwendeten Bandschlingen sowie das Statikseil wurden bei der Fa. Edelrid nach Versuchsende auf ihre maximale Haltekraft getestet. Das Prüfprotokoll liegt vor. Ergebnisse:

| Material | Höchstzugkraft daN |
|---|---|
| Schlinge aus Versuch Nr. 1 | 1717,4 |
| Schlinge aus Versuch Nr. 2 | 1864,3 |
| Schlinge aus Versuch Nr. 3 | 1920,9 |
| Seil | 1384,2 |

## Interpretation der Ergebnisse

Die Ergebnisse des Feldversuchs von Halfer / Willert mögen für Aufbauten wie dort beschrieben gelten, sind aber offenbar nicht auf Aufbauten mit Statikseilen übertragbar. Die Durchführenden vermuten, dass ein System mit Statikseilen viel flexibler auf Belastungen reagiert als eine System, das mit Stahlseilen aufgebaut wird.

Es kann angenommen werden, dass im vorliegenden Versuchsaufbau ein Großteil der Energie vom Statikseil aufgenommen wird und in der Ankerstichschlinge deshalb viel weniger Arbeit „ankommt". Dafür spricht die deutliche Erwärmung des Statikseils in V 3. Das einzige Element, welches in Stahlseilaufbauten nennenswert arbeiten kann, ist die Ankerstichschlinge. Diese muss somit entsprechend viel Energie aufnehmen, was u.U. zu Schmelzverbrennung und Abriss geführt hat. In Systemen mit Statikseilen reagiert die Ankerstichschlinge vergleichsweise statisch – somit kommt es zu nur geringen Bewegungen im Ankerstich und zu keiner Schmelzverbrennung.

Hindelang, den 11.6.04

*Wilfried Dewald*

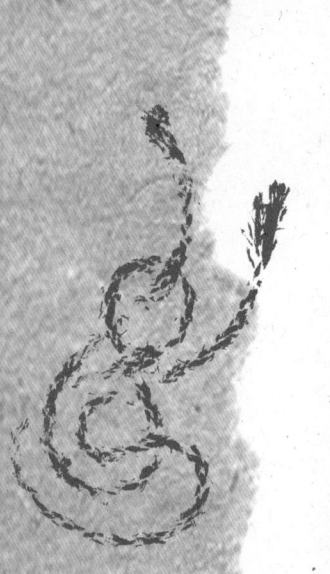

# Anmerkungen zur Rechtslage und zu aktuellen Urteilen

In der Arbeit mit Seilaufbauten kam es in der letzten Zeit immer wieder zu Unfällen, die in einigen Fällen wegen ernsthafter Folgen zu straf- und zivilrechtlichen Gerichtsverfahren führten. Darunter war unseres Wissens leider auch ein Unfall mit Todesfolge zu verzeichnen.

Aktuelle juristische Würdigungen zeigen, dass die Rechtslage nicht immer der Rechtsauffassung der Beteiligten entsprach und dass die verschiedenen juristischen Instanzen hinsichtlich der Schuldfrage in den uns bekannten Fällen durchaus zu unterschiedlichen Auffassungen kamen.

Zwei einschlägige Urteile aus jüngster Zeit erscheinen uns bedeutsam und sollen an dieser Stelle kurz dargestellt werden.

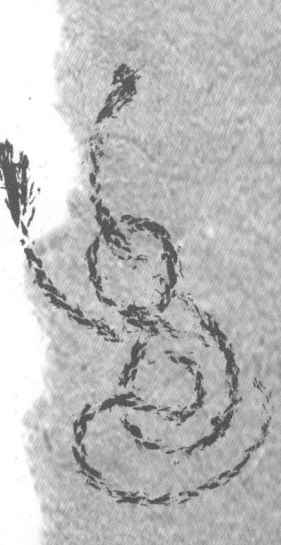

*Fall 1:*

1999 organisierte der Österreichische Alpenverein in der Nähe der Rudolfshütte ein Event, bei dem u. a. auch eine Seilrutsche (vgl. Kap. 3, S. 97) von 150 Metern Länge und einem Höhenunterschied von ca. 40 Metern aufgebaut wurde. Von einem Startplatz auf einem Felsband starteten die Teilnehmer, die Bremsung unten erfolgte dynamisch über ein Bergseil. Start und Ziel wurden von staatlich geprüften Berg- und Skiführern betreut. Die Freigabe der Rutschstrecke wurde zwischen den Betreuern per Handzeichen geregelt.

Zwei Personen begaben sich gemeinsam zum Startpunkt und wurden vom Bergführer über das richtige Verhalten instruiert. Der erste Teilnehmer wurde eingehängt und befuhr die Seilrutsche. Während der Fahrt der ersten Person wurde die zweite Person einge-hängt. Diese startete eigenmächtig, ohne dass der Bergführer die Rutsche freigegeben hatte und stieß mit dem zuvor abgefahrenen Teilnehmer zusammen. Dieser erlitt durch den Zusammenprall einen komplizierten Unterschenkelbruch.

Das folgende haftungsrechtliche Verfahren wurde letztinstanzlich wie folgt entschieden: Die Bergführer wurden frei gesprochen, weil sie sich bei ihren Sicherungsmaßnahmen im Rahmen dessen bewegt hatten, was sie in ihrer Ausbildung gelernt hatten. Der ÖAV als Veranstalter hingegen wurde zur Leistung von Schadensersatz verurteilt, weil er es nach Ansicht des Gerichts versäumt hatte, den Bergführern genaue Handlungsan-weisungen vorzuschreiben, nach denen ein selbstständiges Starten des zweiten Teil-nehmers hätte verhindert werden können.

Da es für die Durchführung einer solchen Veranstaltung keine allgemeinen Standards gab, hätte der ÖAV sich also schon im Vorfeld Gedanken über sinnvolle Sicherheits-vorkehrungen machen und diese den Bergführern mitteilen müssen.

In der Konsequenz bedeutet dies, dass es zukünftig möglicherweise nicht mehr genügt, die Verantwortung einer sicheren Betreibung von Seilaufbauten der ausgebildeten Fachkraft zu überlassen. Der Veranstalter muss zusätzlich einen Rahmen beschreiben, der die möglichen sicherheitstechnische Probleme vorwegnimmt und Handlungs-anweisungen für die Leiterpersonen bereithält.

Problematisch dabei ist, dass notwendige sicherheitstechnische Forderungen oft erst über Unfälle ans Tageslicht kommen und der Veranstalter ex ante oft nicht wissen kann, welche Maßnahmen er zur Verhinderung des Unfalls zu treffen hätte.

Trotzdem – auch andere Urteile zeigen, dass die Haftung der Veranstalter zukünftig wohl verschärft werden wird. Näheres zu diesem Unfall und seiner rechtlichen Würdigung kann in „bergundsteigen" 2/03, S. 16 ff nachgelesen werden.

### Fall 2:

Wie wichtig die Einführung und Beachtung von Sicherheitsstandards ist, beweist ein weiteres Vorkommnis aus dem Frühjahr 2000 (vgl. Berg & Steigen 3/03, S.16ff.). Auch hier handelte es sich um eine Seilrutsche (vgl. Kap 3, S. 97). Die Teilnehmer wurden dabei mit einem Twistlock-Karabiner und einer Bandschlinge in ein Tragesystem einge-hängt, das aus einem Stahlseil und einem Bergseil bestand, Allerdings war die Aufhängung aufgrund der Verwendung nur eines Twistlock-Karabiners lediglich teil-redundant. Beim Befahren der Seilrutsche kam es zu Pendelbewegungen der am Karabiner hängenden Person. Diese führten in Verbindung mit einer ungünstigen Lage der Bandschlinge am Verschluss des Karabiners zu einem selbsttätigen Aushängen und mangels Redundanz zum tödlichen Absturz des Teilnehmers. Hätte der Betreiber der Seilrutsche eine redundante Aufhängung verwendet, wäre der Unfall höchstwahrschein-lich nicht passiert.

Im anschließenden strafrecht- und zivilrechtlichen Verfahren wurden die Betroffenen trotzdem freigesprochen. Das Gericht kam zu der Auffassung, dass die Kenntnis der Methode des redundanten Aufbaus und die Problematik von Twistlockkarabinern (vgl. Kap 1.1.5) zum Zeitpunkt des Unfalls noch nicht allgemein bekannt waren und deshalb von den Betreibern auch nicht erwartet werden konnten.

Allerdings würde der gleiche Fehler heute – nach der Veröffentlichung dieses Urteils, der Würdigung des Sachverhalts und der Lektüre dieses Buches – sicher mit einer Verurteilung enden …

### Folgerungen:

1. Formulieren Sie klare Sicherheitsstandards und halten Sie diese auch ein! Dies betrifft sowohl die Veranstalter als auch die Betreuer vor Ort.
2. Eine entsprechende Vorbereitung und Information der Teilnehmer über Risiken und Sicherheitsmaßnahmen ist unverzichtbar.
3. Verfolgen Sie aufmerksam die einschlägige sicherheitstechnische Diskussion, analysieren und kommunizieren Sie Ihre persönlichen Missgeschicke in der Arbeit mit Seilaufbauten und beachten Sie einschlägige juristische Würdigungen sowie deren Konsequenzen!

**Wilfried Dewald**  1953 – 2006

Pädagogischer Leiter der Jugendbildungsstätte Hindelang des Deutschen Alpenvereins
e. V., Gymnasiallehrer (Biologie, Geographie), Fachübungsleiter für Hochtouren und
Skibergsteigen; Mitarbeit im Schulungsteam der Jugend des DAV; langjährige erlebnis-
pädagogische Tätigkeit in Jugend- und Erwachsenenbildung in den Schwerpunkten
Sicherheit und Ökologie; Koordination und Konzeptentwicklung sowie Mitarbeit in der
Zusatzqualifikation Erlebnispädagogik des Trägerverbundes aus Jugendbildungsstätten,
Institut für Jugendarbeit und Sportfachverbänden; diverse Buch und Artikelpublikationen

**Christian Häußler**  geb. 1969

Gymnasiallehrer (Deutsch, Sport), Fachübungsleiter für Hochtouren und
Skibergsteigen; über zehnjährige Mitarbeit im Schulungsteam der Jugend des DAV;
langjährige erlebnispädagogische Tätigkeit in Jugend- und Erwachsenenbildung